Catalogue compiled by: Vangelio Tzanetatou

Editorial Supervision: Vangelio Tzanetatou

Photographs: Elias Eliades

Catalogue Layout and Title Page Design: Fotini Sakelari - Zoe Argyropoulou

Production Coordinator: George Karasavvas

Production: Adam Editions / Pergamos Printing and Publishing S.A.I.C.

Exhibition coordination and organization: Vangelio Tzanetatou

Exhibition dates: November 22, 2002 – March 22, 2003

ISBN 960-86-960-1-1

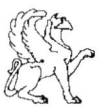

VII INTERNATIONAL BOOKBINDING FORUM
VII ΔΙΕΘΝΕΣ ΣΥΝΕΔΡΙΟ ΒΙΒΛΙΟΔΕΣΙΑΣ

The catalogue has been made possible
through the generosity of EFG Eurobank Ergasias

Η έκδοση του καταλόγου πραγματοποιήθηκε με την
ευγενική χορηγία της Τράπεζας EFG Eurobank Ergasias

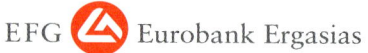

EFG Eurobank Ergasias

THE ART OF BOOKBINDING:

TREASURES FROM THE GENNADIUS LIBRARY, 1464-1911

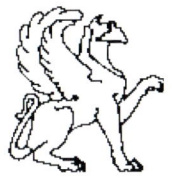

Η ΤΕΧΝΗ ΤΗΣ ΒΙΒΛΙΟΔΕΣΙΑΣ:

ΘΗΣΑΥΡΟΙ ΤΗΣ ΓΕΝΝΑΔΕΙΟΥ ΒΙΒΛΙΟΘΗΚΗΣ, 1464-1911

CATALOGUE OF AN EXHIBITION
ΚΑΤΑΛΟΓΟΣ ΕΚΘΕΣΗΣ

THE GENNADIUS LIBRARY
THE AMERICAN SCHOOL OF CLASSICAL STUDIES
ΓΕΝΝΑΔΕΙΟΣ ΒΙΒΛΙΟΘΗΚΗ
ΑΜΕΡΙΚΑΝΙΚΗ ΣΧΟΛΗ ΚΛΑΣΙΚΩΝ ΣΠΟΥΔΩΝ

ATHENS 2002 ΑΘΗΝΑ

TABLE OF CONTENTS

ΠΕΡΙΕΧΟΜΕΝΑ

PREFACE

The Gennadius Library was inaugurated in April 1926. Two years before this memorable event, in appreciation of this valuable gift, the American School of Classical Studies at Athens published L.A. Paton's book, *Selected bindings from the Gennadius Library,* dedicated to the donor, John Gennadius.

In a Prefatory Letter, the President of the Board of Trustees, William Caleb Loring wrote:

"Dear Dr. Gennadius,

On the second anniversary of the magnificent gift which you and Madame Gennadius made to the American School of Classical Studies at Athens, of the Library and Collections which are to constitute the noble memorial to your father, I count it a privilege to address to you this dedicatory letter on behalf of the Trustees and management of the School... It has seemed to us that there is an especial appropriateness in our offering to you at this time a volume which represents one notable element in your collection, the bindings... The nearly one thousand beautiful bindings which you have gathered in your Library are a unique part of it... These bindings of the sixteenth, seventeenth, and eighteenth centuries are of surpassing interest, not only because they are beautiful examples of the binder's art, but also because of the famous libraries from which they have come..."

Today, almost eighty years later, we are happy to present another selection of valuable bindings from the Gennadius Library in an exhibition organized on the occasion of the VII International Forum on the Art of Bookbinding. The exhibition and the Catalogue, prepared by the distinguished conservator and designer bookbinder, Mrs. Vangelio Tzanetatou, gives to both Greeks and foreigners one more opportunity to admire and appreciate the personality of the founder of the Library and his unique sense of collecting not only books but also works of art: the rare bookbindings exhibited can be seen not only as samples for the study of the art of bookbinding but also as works of art.

Sophie Papageorgiou
Librarian

ΧΑΙΡΕΤΙΣΜΟΣ

Τα εγκαίνια της Γενναδείου Βιβλιοθήκης έγιναν τον Απρίλιο του 1926. Δύο χρόνια νωρίτερα, τον Μάρτιο του 1924, η Αμερικανική Σχολή Κλασικών Σπουδών, σε αναγνώριση αυτής της πολύτιμης δωρεάς δημοσίευσε το βιβλίο της L. A. Paton *Selected bindings from the Gennadius Library* και το αφιέρωσε στον δωρητή, τον Ιωάννη Γεννάδιο.

Στον πρόλογο ο Πρόεδρος του Διοικητικού Συμβουλίου της Σχολής, ο William Caleb Loring έγραψε:

"Αγαπητέ Δόκτορα Γεννάδιε,

Με την ευκαιρία της δευτέρας επετείου της λαμπρής δωρεάς της βιβλιοθήκης σας, την οποίαν εσείς και η κυρία Γενναδίου κάνατε στην Αμερικανική Σχολή Κλασικών Σπουδών στην Αθήνα, στη μνήμη του πατέρα σας, το θεωρώ μεγάλη τιμή να σας απευθύνω αυτήν την επιστολή εκ μέρους των Συμβούλων και της Διοίκησης της Σχολής... Πιστεύουμε ότι είναι απόλυτα ταιριαστό να σας προσφέρουμε αυτή τη στιγμή έναν τόμο, ο οποίος αντιπροσωπεύει ένα σημαντικό μέρος της συλλογής σας, τις βιβλιοδεσίες... Οι χίλιες περίπου βιβλιοδεσίες τις οποίες έχετε συλλέξει στη Βιβλιοθήκη σας αποτελούν ένα μοναδικό τμήμα της... Αυτές οι βιβλιοδεσίες του 16ου, 17ου και 18ου αιώνα παρουσιάζουν εξαιρετικό ενδιαφέρον, όχι μόνον επειδή αποτελούν ωραία δείγματα της τέχνης της βιβλιοδεσίας, αλλά επίσης και επειδή προέρχονται από περίφημες συλλογές...."

Σήμερα, ύστερα από ογδόντα περίπου χρόνια, είμαστε ευτυχείς που παρουσιάζουμε μία ακόμη επιλογή από πολύτιμες βιβλιοδεσίες της Γενναδείου Βιβλιοθήκης σε έκθεση η οποία έχει οργανωθεί από τους Φίλους της Βιβλιοδετικής Τέχνης με την ευκαιρία του VII Διεθνούς Συνεδρίου Καλλιτεχνικής Βιβλιοδεσίας. Την επιμέλεια της έκθεσης και του καταλόγου είχε η γνωστή βιβλιοδέτις κα Βαγγελιώ Τζανετάτου. Πιστεύουμε ότι για μία ακόμη φορά Έλληνες και ξένοι θα θαυμάσουν και θα εκτιμήσουν την προσωπικότητα του ιδρυτή της Βιβλιοθήκης και τη μοναδική διαίσθηση που είχε στην απόκτηση βιβλίων και έργων τέχνης, καθώς οι σπάνιες βιβλιοδεσίες που παρουσιάζονται, αποτελούν όχι μόνον λαμπρά δείγματα για τη μελέτη της τέχνης της βιβλιοδεσίας αλλά είναι οι ίδιες και έργα τέχνης.

Σόφη Παπαγεωργίου
Υποδιευθύντρια

FOREWORD

The Gennadius Library is widely recognized as one of the world's most important resources for the history of Greek culture and civilization. Born from the passionate dedication of one man to the history of Hellenism, the Library houses books, rare bindings, research materials, archives and works of art, and welcomes readers from Greece and around the world. As they pass through the great bronze doors, they are reminded by the inscription on the façade that, in the words of Isokrates, "They are called Greeks who share in our culture."

The Gennadius Library was dedicated in 1926. At the core of the Library were the books, archives, manuscripts and memorabilia accumulated over a lifetime by diplomat and bibliophile John Gennadius, longtime Greek Minister to the Court of St. James. Gennadius inherited his passion for books and scholarship from his father, George Gennadius, hero of the Greek War of Independence, scholar, teacher, and a founder of the University of Athens as well as the National Library.

In 1922, John Gennadius offered his collection to the American School of Classical Studies to be held in permanent trust, with the understanding that the School would build a home for the collection and staff and maintain the Library, which was to be named after Gennadius' father. In 1923, on land presented by the Petraki monastery and assigned by the Greek Parliament to the School, the American architectural firm of Van Pelt and Thompson began construction of the elegant neo-classical Main Building, with funding provided by the Carnegie Foundation. The opening ceremony took place on April 23, 1926, St. George's Day.

In the seventy-six years since the Library's establishment, it has added over 80,000 books to the original 26,000. Gennadius' interests spanned post-antique Hellenic civilization, and over a lifetime of collecting he devoted all his resources to acquiring books of distinction. Thanks to his inspiration, the Library has become a rich mine of original sources for the study of Byzantine, Ottoman, and modern Greece as well as related studies in art history, ethnography, social and cultural history of the Balkan and eastern Mediterranean world.

In recognition of the Library's importance, seven years ago the Library's Trustees embarked on a campaign of renovation, expansion, and endowment. In 1999, the Library completed the complete refurbishment as well as the underground extension of the 1926 Main Building, which houses the Main Reading Room, two Seminar Rooms, offices of the Director and Head Librarian, stack space for 80,000 books, a modern climate control system, and new reader and staff facilities. In February of this year, the Library broke ground for renovations to its East Wing and an extension that will include a 350-seat auditorium for lectures and conferences organized by the American School, the Library, and fellow academic and cultural institutions. The renovated East Wing will also include the Rare Books Reading Room, the Archives Reading Room and offices, a book conservation lab, a computer room, and staff and academic offices.

In the next phase of work, the Library's West Wing will be renovated for the study, conservation, and storage of its fine arts collection, along with exhibition space for the Library's collection of rare books, manuscripts, archives, and fine arts, as well as temporary loan exhibitions. In addition, the gardens surrounding the Library will be restored.

This ambitious program of renovation and expansion will help consolidate the Library's position as one of the leading research centers in the world for the preservation, study and presentation of Greek history and culture after the end of antiquity. None of this would have been possible without the energy and dedication of the Library's Board of Trustees, the hard work of an outstanding staff at the Library and the School, and the support of the School's Managing Committee. It gives all of us particular pleasure to welcome participants of the VII International Forum on the Art of Bookbinding to the Library, and to have the opportunity of presenting its treasures to a distinguished body of scholars and connoisseurs. It is for people like these, and for those around the world who love fine books and who are devoted to the study of the Hellenic world, that we have dedicated our efforts.

Catherine de Grazia Vanderpool
President

ΠΡΟΛΟΓΟΣ

Η Γεννάδειος Βιβλιοθήκη είναι ευρέως αναγνωρισμένη ως ένα από τα σπουδαιότερα ερευνητικά κέντρα στον κόσμο για την μελέτη του ελληνικού πολιτισμού. Δημιουργημένη από την ολοκληρωτική αφοσίωση ενός ανθρώπου στην ιστορία του Ελληνισμού, φιλοξενεί βιβλία, σπάνιες βιβλιοδεσίες, αρχεία και έργα τέχνης και δέχεται επισκέπτες από την Ελλάδα και από όλον τον κόσμο. Καθώς περνούν από τις μεγάλες μπρούτζινες πόρτες, η επιγραφή στην πρόσοψη της Βιβλιοθήκης τους θυμίζει τη φράση του Ισοκράτη: «ΕΛΛΗΝΕΣ ΚΑΛΟΥΝΤΑΙ ΟΙ ΤΗΣ ΠΑΙΔΕΥΣΕΩΣ ΤΗΣ ΗΜΕΤΕΡΑΣ ΜΕΤΕΧΟΝΤΕΣ».

Η Βιβλιοθήκη εγκαινιάστηκε το 1926. Ψυχή της Βιβλιοθήκης ήταν τα βιβλία, τα αρχεία, τα χειρόγραφα και τα αντικείμενα, που μια ολόκληρη ζωή συνέλεγε ο διπλωμάτης και βιβλιόφιλος Ιωάννης Γεννάδιος, για πολύ καιρό Πρέσβης της Ελλάδας στην αυλή του St. James. Ο Γεννάδιος κληρονόμησε το πάθος του για τα βιβλία και τη γνώση από τον πατέρα του Γεώργιο Γεννάδιο, αγωνιστή της Ελληνικής Επανάστασης, λόγιο, δάσκαλο και συνιδρυτή του Πανεπιστημίου Αθηνών και της Εθνικής Βιβλιοθήκης.

Το 1922, ο Ιωάννης Γεννάδιος προσέφερε τη συλλογή του στην Αμερικανική Σχολή Κλασικών Σπουδών ως παρακαταθήκη, με την προϋπόθεση ότι η Σχολή θα στέγαζε τη συλλογή και το προσωπικό και θα συντηρούσε τη Βιβλιοθήκη, που θα ονομαζόταν Γεννάδειος προς τιμή του πατέρα του. Το 1923, στο οικόπεδο της Μονής Πετράκη, που απαλλοτριώθηκε και παραχωρήθηκε από την Ελληνική Κυβέρνηση στη Σχολή, η αμερικανική αρχιτεκτονική εταιρεία των Van Pelt and Thompson κατασκεύασε το κομψό νεοκλασικό κεντρικό κτίριο της Βιβλιοθήκης με δωρεά του ιδρύματος Carnegie. Η τελετή εγκαινίων της Βιβλιοθήκης έγινε στις 23 Απριλίου 1926, ημέρα του Αγίου Γεωργίου.

Από την ίδρυση της Βιβλιοθήκης πριν από εβδομήντα έξι χρόνια, στην αρχική συλλογή των 26.000 τόμων έχουν προστεθεί πάνω από 80.000 βιβλία. Τα ενδιαφέροντα του Γενναδίου κάλυπταν τον ελληνικό πολιτισμό από την ύστερη αρχαιότητα και αφιέρωσε τη ζωή και τους πόρους του στη συλλογή ξεχωριστών βιβλίων. Χάρη στη δική του έμπνευση, η Βιβλιοθήκη εξελίχθηκε σε ένα πλούσιο ορυχείο πηγών για τη μελέτη της Βυζαντινής, Οθωμανικής και Νεότερης Ελλάδας καθώς και για τις επιστήμες της ιστορίας της τέχνης, της εθνογραφίας, της κοινωνικής και πολιτιστικής ιστορίας των Βαλκανίων και της ανατολικής Μεσογείου.

Αναγνωρίζοντας τη σπουδαιότητά της, πριν από επτά χρόνια το Board of Trustees της Βιβλιοθήκης ξεκίνησε μια εκστρατεία με σκοπό την εύρεση πόρων για την ανακαίνιση και την επέκτασή της. Το 1999, αναμορφώθηκε και επεκτάθηκε υπογείως το κεντρικό κτίριο της Βιβλιοθήκης, που είχε κτιστεί το 1926 και το οποίο στεγάζει το Αναγνωστήριο, δύο Αίθουσες Σεμιναρίων, τα γραφεία της Διευθύντριας και της Υπεύθυνης Βιβλιοθηκαρίου καθώς και χώρο αποθήκευσης 80.000 βιβλίων, ένα σύγχρονο σύστημα ελέγχου κλιματολογικών συνθηκών και καινούργιες ευκολίες για τους αναγνώστες και το προσωπικό. Τον Φεβρουάριο του τρέχοντος έτους, η Βιβλιοθήκη εγκαινίασε τις εργασίες για την ανακαίνιση και την επέκταση της Ανατολικής πτέρυγας, που θα περιλαμβάνει μία αίθουσα εκδηλώσεων χωρητικότητας 350 θέσεων, στην οποία θα πραγματοποιούνται διαλέξεις και συνέδρια της Αμερικανικής Σχολής, της Βιβλιοθήκης καθώς και άλλων αδελφών ακαδημαϊκών και πολιτιστικών ιδρυμάτων. Σε αυτήν την πτέρυγα θα στεγάζονται επίσης το Αναγνωστήριο Σπανίων Βιβλίων, το Αναγνωστήριο και τα γραφεία των Αρχείων, ένα εργαστήριο συντήρησης βιβλίων, ένας χώρος με ηλεκτρονικούς υπολογιστές, και γραφεία για το προσωπικό και για ερευνητές.

Στην επόμενη φάση, θα ανακαινιστεί η Δυτική πτέρυγα για τη μελέτη, τη συντήρηση και την αποθήκευση της συλλογής των έργων τέχνης. Θα διαμορφωθεί επίσης και ένας εκθεσιακός χώρος για τα σπάνια βιβλία, τα χειρόγραφα και τα αρχεία αλλά και για περιοδικές εκθέσεις. Τέλος, θα ανακατασκευαστεί ο κήπος της Βιβλιοθήκης.

Το φιλόδοξο αυτό πρόγραμμα για την ανακαίνιση και την επέκταση της Βιβλιοθήκης θα βοηθήσει στην παγίωση της θέσης της ως ένα από τα σπουδαιότερα ερευνητικά κέντρα στον κόσμο για τη διαφύλαξη, μελέτη και προβολή της ελληνικής ιστορίας και του πολιτισμού από την ύστερη αρχαιότητα. Τίποτα από όλα αυτά δεν θα είχε πραγματοποιηθεί χωρίς την ενέργεια και την αφοσίωση του Board of Trustees της Βιβλιοθήκης, τη σκληρή δουλειά του εξαίρετου προσωπικού της Βιβλιοθήκης και της Σχολής, και την υποστήριξη του Managing Committee της Σχολής. Με μεγάλη χαρά καλωσορίζουμε στη Βιβλιοθήκη τους συμμετέχοντες στο VII διεθνές συνέδριο βιβλιοδεσίας, και χαιρόμαστε που έχουμε την ευκαιρία να παρουσιάσουμε τους θησαυρούς της Βιβλιοθήκης σε ένα τόσο διακεκριμένο σύνολο ειδημόνων ερευνητών. Σε ανθρώπους σαν κι αυτούς και σε όλους όσους αγαπούν τα ωραία βιβλία και έχουν αφιερωθεί στη μελέτη του ελληνισμού, αφιερώνουμε όλες μας τις προσπάθειες.

Catherine de Grazia Vanderpool
Πρόεδρος

To love and treasure...

Long before I began organizing this exhibition, I had the opportunity of acquiring the first 1924 catalogue of selected precious bindings from the collections of the Gennadius Library. It is itself a precious edition, celebrating the two-year anniversary of the kind donation by John and Anthi Gennadius of their books and archives to the American School of Classical Studies, which formed the core of the Gennadius Library. In a supplementary note to this unique text John Gennadius refers to the important role of Constantine Hutchins in the formation of his collections. Hutchins became the keeper of Gennadius' books, when still a young man. He deeply loved these books and everything related to them that eventually learned the art of restoring them. Gennadius's note expresses deep admiration and appreciation for Hutchins's work and it is also an expression of his own viewpoint on ethical matters in connection with preserving a collection of rare bindings, thoughts that were very advanced for his time.

Building up a collection with books of excellent text and typographic design is the concern of any bibliophile. Beyond this, however, there are those bibliophiles who select books that possess a harmonious combination of a rare edition and original unique binding, thus expressing a deep knowledge and love for the art of the book itself, in addition to deep literary knowledge. I feel fortunate to have had the chance of working with the collection assembled by a collector of John Gennadius' stature, who was truly a lover of the art of the book, and I must confess that I envy Constantine Hutchins' good fortune in collaborating with the man himself.

In selecting bindings for this exhibition, I have tried to include examples of the variety of styles represented in Gennadius' collection, as well as those with specific peculiarities. I have also tried to bring the viewer closer to the unique aesthetic qualities of each binding, describing them as works of art. It is a daunting task, since the world of bookbinding is demanding and unfamiliar to those uninitiated in its history and techniques. It is my hope that knowledge of the past may keep the art of bookbinding alive, and that by looking behind the covers, we can uncover the deepest thoughts and imagination of their creators.

I would like to thank Kiki Doussi and my colleagues of A.R.A (Les Amis de la Reliure d'Art), for offering me the opportunity of undertaking this exhibition. Of course, it would not have been possible without the generous collaboration and support of The Gennadius Library. My special thanks are addressed to Dr. Catherine Vanderpool, President of the Library, Mrs. Sophie Papageorgiou, head Librarian and Mrs. Soula Panagopoulou, member of the reading room staff. I also thank Mrs. Lily Tsitoura-Parlavantza for designing the poster of this exhibition.

Finally, I would like to dedicate this work to those who really love bookbinding and to those who insist on ignoring its special importance and value, as they both, each in a different way, strengthen our struggle to appoint it, as it is: a vivid living Art.

Vangelio Tzanetatou
Bookbinder

Με βαθιά εκτίμηση και αγάπη...

Πολύ πριν ξεκινήσει η προσπάθεια της διοργάνωσης αυτής της έκθεσης εί-χα την τύχη να αποκτήσω τον πρώτο κατάλογο της Γενναδείου Βιβλιοθήκης με επιλεγμένες σπάνιες βιβλιοδεσίες, του 1924. Πρόκειται για μία συλλεκτι-κή έκδοση στην επέτειο των δύο χρόνων από την ευγενική δωρεά του Ιωάννη και της Ανθής Γενναδίου των βιβλίων και των αρχείων τους στην Αμερικανι-κή Σχολή Κλασσικών Σπουδών. Θα ήθελα νά ξεχωρίσω από αυτήν την εξαιρετική εργασία το κείμενο του Ιωάννη Γενναδίου, που αναφέρεται στον σημαντικό ρόλο του Κωνσταντίνου Χάτσινς. Ο νέος τότε Κωνσταντίνος Χά-τσινς προσελήφθη για νά φροντίζει τη βιβλιοθήκη του. Μοιάζει να αγάπησε τόσο τα βιβλία, πού αργότερα με την βοήθεια του Γενναδίου γνώρισε και τούς τρόπους νά τα περιποιείται και νά τα συντηρεί. Σ' αυτό το κείμενο ο Γεννά-διος εκφράζει τον θαυμασμό και την εκτίμησή του για το έργο του Χάτσινς, εκφέροντας συγχρόνως απόψεις γύρω από τη δεοντολογία αυτών των ζητη-μάτων, αρκετά προωθημένες για την εποχή του.

Συνήθως η διαμόρφωση μιας βιβλιοθήκης με βιβλία εξαιρετικών κειμένων και τυπογραφίας είναι η μέριμνα οιουδήποτε βιβλιόφιλου. Το νά επιλέγει όμως κανείς τα βιβλία του νά είναι ένας αρμονικός συνδυασμός σπάνιας έκ-δοσης με την αυθεντική κι εξαίρετη βιβλιοδεσία της, προϋποθέτει νά έχει εκτός της βαθιάς φιλολογικής γνώσης και αγάπης, βαθύτερη ίσως γνώση κι αγάπη για τις ίδιες τις τέχνες του βιβλίου. Αισθάνομαι τυχερή που είχα την δυνατότητα να εργαστώ για την συλλογή του Ιωάννη Γενναδίου, αυτού του σημαντικού συλλέκτη, πραγματικού εραστή της τέχνης του βιβλίου. Ζηλεύω τον ρόλο του Κωνσταντίνου Χάτσινς, ζηλεύω την τύχη του να έχει συνεργασθεί με τον ίδιο τον συλλέκτη.

Οι βιβλιοδεσίες, που επιλέχθηκαν από αυτήν την εξαιρετικού ενδιαφέροντος συλλογή, είναι όσο γίνεται πιο αντιπροσωπευτικές, όχι μόνο για τα σπάνια είδη στα οποία ανήκουν, αλλά κυρίως για τις επί μέρους ιδιομορφίες τους. Εύκολα θα αντιληφθεί κανείς την σημασία της αντιμετώπισης της κατασκευής και της διακόσμησης σαν μία ενιαία αισθητική οντότητα. Ίσως ο απλός επισκέπτης κουραστεί στην προσπάθεια νά παρακολουθήσει έναν καταιγισμό όρων και περιγραφών. Ο σύγχρονος κόσμος της βιβλιοδεσίας είναι πιο απαιτητικός από ό,τι ως τώρα έχουμε γνωρίσει. Η γνώση του παρελθόντος δεν μπορεί παρά νά κρατήσει την Τέχνη της Βιβλιοδεσίας ζωντανή, ανοίγοντας νέους δρόμους μέσα από την παρατήρηση και σύγκριση κάθε μορφής εμπειρίας. Ας προσπαθήσουμε νά δούμε πίσω από τα καλύμματα. Κάπου εκεί κρύβεται η βαθύτερη σκέψη και η δημιουργικότητα όσων τα δημιουργούν. Γενιές τώρα, αιώνες τώρα.

Θα ήθελα νά εκφράσω τις ειλικρινείς μου ευχαριστίες στην Κική Δούση και τούς συναδέλφους της Ελληνικής A.R.A. (Φίλοι της Βιβλιοδετικής Τέχνης), που μου πρόσφεραν την δυνατότητα αυτής της εμπειρίας. Τίποτα δεν θα ήταν δυνατόν χωρίς την γενναιόδωρη συνεργασία και συμπαράσταση της Γενναδείου Βιβλιοθήκης, ιδιαίτερα της κυρίας Κάθριν Βάντερπουλ, Προέδρου της, της κυρίας Σόφης Παπαγεωργίου, Υποδιευθύντριάς της και της κυρίας Σούλας Παναγοπούλου, μέλους του προσωπικού του αναγνωστηρίου. Επίσης ευχαριστώ την κυρία Λίλη Τσιτούρα-Παρλαβάντζα για την φιλοτέχνηση της αφίσσας της έκθεσης.
Τέλος επιτρέψτε μου νά αφιερώσω αυτήν την προσπάθεια σε όσους αγαπούν πραγματικά την βιβλιοδεσία, αλλά και σε όσους επιμένουν νά αγνοούν την ιδιαίτερη σημασία και αξία της, γιατί και οι δύο δυναμώνουν με τον τρόπο τους την προσπάθειά μας νά την αναδείξουμε σ' αυτό πού πραγματικά είναι: μία Τέχνη ζωντανή.

Βαγγελιώ Τζανετάτου
Βιβλιοδέτις

15th CENTURY.
15ος ΑΙΩΝΑΣ

The Italian binding, that has been chosen to open the exhibition, is the only example of the 15th century.

The Greek text, written by a well-known Byzantine intellectual, Manuel Chryssoloras, the personality of its first owner Sigismondo Malatesta and the book's own unique binding are all representative of their era. It was a troubled time for people in the Eastern Mediterranean, and they found shelter in the west in the great cities of Italy, which become a cultural crossroads, a factor influencing the art of bookbinding. Although original Renaissance bindings have suffered 19th century rebinding more than those of other centuries, we can still feel the aura of that time in the surviving examples.

In the Library's example, the sewing, the end bands, the original end papers of parchment, even the clasps are typical in contemporary Italian bookbinding. Its decorative elements on the blind tooled cover, though, find comparisons with Moorish and Persian bindings, as early as 13th-14th centuries. The viewer will notice these mixed origins, in many more, later dated exhibits and in a variety of applications.

Η Ιταλική βιβλιοδεσία, που επιλέχθηκε για να υποδέχεται τον θεατή αυτής της έκθεσης, συνιστά και το μοναδικό έκθεμα του 15ου αιώνα.

Ενα κείμενο στά ελληνικά ενός περιώνυμου Βυζαντινού συγγραφέα, του

Μανουήλ Χρυσολωρά, το ίδιο το πρόσωπο του πρώτου της ιδιο-
κτήτη, Σιγισμόνδου Μαλατέστα κι ο ίδιος τρόπος, που αυτό μετα-
τρέπεται σε μοναδικό βιβλιοδετημένο έργο είναι ενδεικτικά της
εποχής. Μιας ταραγμένης εποχής στον κόσμο της ανατολικής Με-
σογείου, που ο πολιτισμός της βρίσκει καταφύγιο και σμίγει τον
δυτικό στις μεγάλες πόλεις της Ιταλίας. Της Ιταλίας που αρχίζει
νά γίνεται σταυροδρόμι συγκλίσεων, συγκλίσεων από τις οποίες η
βιβλιοδεσία δεν έμεινε αμέτοχη. Μολονότι οι αυθεντικές κατα-
σκευές της Αναγέννησης έχουν δεινοπαθήσει από την διάλυση και
την εκ νέου βιβλιοδεσία τους τον 19ο αιώνα, περισσότερο από κα-
τασκευές άλλων αιώνων, ακόμα αισθανόμαστε την αύρα της επο-
χής στα διασωθέντα παραδείγματα.

Στο δικό μας παράδειγμα το ράψιμο, τα κεφαλάρια, το αυθε-
ντικό εσώφυλλο από περγαμηνή ως κι αυτά τα κλείστρα δεν συν-
θέτουν τίποτα περισσότερο παρά τις συνήθεις τεχνικές, που ο σύγ-
χρονος Ιταλός βιβλιοδέτης ασκεί. Τα διακοσμητικά στοιχεία στην
καυτή διακόσμηση του καλύμματος, ωστόσο, μας παραπέμπουν
σε αντίστοιχα, που συναντάμε σε Μαροκινές και Περσικές βι-
βλιοδεσίες, κάπου μεταξύ του 13ου-14ου αιώνα. Πρακτικές ποικί-
λης προέλευσης θα παρατηρήσει ο θεατής σε αρκετά μεταγενέ-
στερα εκθέματα, και σε διαφορετικές περιπτώσεις εφαρμογών.

1. MANUEL CHRYSOLORAS. Ἀρχή τῶν ἐρωτημάτων, συντεθέντων οὕτως παρά Μανουήλ τοῦ Χρυσολωρᾶ [1464].

Italian binding fully covered in leather. It bears blind tooling of an
arabesque design. It has one clasp, which is fastened on the verso cover.
The verso cover bears its metallic decorative relief, whereas the recto bears
its supportive nails. The question who was the first owner is disputed.
However the book bears inscriptions suggesting that it originally belonged
to Sigismondo Malatesta.

Sewn on alum-tawed tapes with a central slot. End bands are single sewn
in one color, with beads on the spine. Spine is flexible and slightly
rounded. Wooden boards have inside beveled head, tail and fore edges.
Book edges bear no decoration. End papers consist of a parchment folio
sewn through, functioning as a doublure and flyleaf.

Ιταλική βιβλιοδεσία όλο δέρμα. Φέρει καυτή διακόσμηση με αραβουργήματα. Έχει ένα κλείστρο, που κλείνει στην οπίσθια πλάκα. Στην οπίσθια πλάκα βρίσκεται και το διακοσμητικό του κλείστρου, ενώ η εμπρός φέρει τα καρφιά του. Υπάρχουν διφορούμενες απόψεις σχετικά με τον αρχικό ιδιοκτήτη της. Η αρχική άποψη είναι, πώς ανήκε στον Σιγισμόνδο Μαλατέστα.

Ραμμένη σε ταινίες από χοιρόδερμα κατεργασμένο με άλατα αλουμινίου, με κεντρική σχισμή. Τα κεφαλάρια είναι απλά και μονόχρωμα με τούς κόμπους στη ράχη. Η ράχη είναι ευλύγιστη και ελαφρά στρογγυλεμένη. Οι ξύλινες πλάκες είναι λεπτυσμένες εσωτερικά στις επάνω, κάτω κι εμπρός ακμές. Οι ακμές του βιβλίου δεν είναι διακοσμημένες. Τα εσώφυλλα αποτελούνται από ένα ραμμένο δίφυλλο περγαμηνής, που λειτουργεί σαν επένδυση στο εσωτερικό των πλακών και σαν ελεύθερο φύλλο.

16th CENTURY
16ος ΑΙΩΝΑΣ

The cover that has been saved from the Cypriot binding has been select-
ed for the beauty of its primitiveness, by way of introducing the viewer to a
group of bindings that are echoes of the past. The three "à la grecque" bind-
ings are of great importance, specimens of the still- living Byzantine tradi-
tion. The Aldine binding is exceptional, as specimens of Aldine bindings are
generally rare in historical bibliography. A Belgian binding by Jan Ryckaert
brings to us the spirit of the famous school of Ghent. The circle closes with
a special kind of German bindings. These bindings are of a strong and flex-
ible structure, covered in alum-tawed pigskin, a wonderful material to en-
hance the texture of a stamped decoration.

The 16th Century sees the culmination of various Renaissance streams
and the binding techniques and styles of the period contain the seeds of all
those that evolve up to 19th Century.

The birth of typography results in a commercialization of materials and
techniques in the art of bookbinding. Perhaps today the term "commercial
bookbinding" in the context of the 16th Century sounds odd, but it was a crit-
ical factor in the ensuing changes. Limp bindings are one of the represen-
tative styles of this period. Their structural characteristics are simplicity
and durability, along with receptivity to a variety of decorative applications.

Another important innovation is the use of gold, which is first exploited in Europe by the Venetians, who learned the techniques from the Greeks and the Arabs in the course of their commercial activities. Either by plain gold decoration or mixed with blind decoration this innovation brings a new play of textural variety. Venetian binding N° 17 is an example of this technique and is also important because of its Venetian blue book paper and end papers. The next bindings are also decorated in gold, but part of the decoration is used to indicate the owner of the binding, with inscriptions, armorial stamps or with a combination of them all. One of them bears Grolieriesque decoration.

Two Lyonese bindings follow. Characteristics are the geometrical interlacings filled in with colored and varnished incrustations bordered in gold tooling. This kind of decoration has its roots in Italy and presages the later inlaid mosaics of leather developed in France. It was not used longer than 17th century, as the enameled parts easily crackled, making the gold tooling crackle as well.

A group of bindings bearing silversmith's work follow. There is nothing new in this kind of application. It is included here to illustrate the continuation of its use not only in this century, but in the following centuries as well.

The two last 16th century bindings on display are simple structures, selected for particularities in the use of their materials. In one of them vellum manuscript is re-used to cover the binding sides; the text looses its true meaning and becomes, instead, an image in the development of a visual whole. The last one is presented for its exceptional paper cover.

Στους απόηχους του παρελθόντος ανήκει το διασωσμένο κυπριακό κάλυμμα, το επιλεγμένο για την πρωτόλεια ομορφιά του. Οι τρεις «α λα γκρέκ» βιβλιοδεσίες, που ακολουθούν είναι εξέχουσας σημασίας, δείγματα της ζωντανής ακόμα βυζαντινής παράδοσης. Η Αλδινή βιβλιοδεσία είναι ξεχωριστή, αφού στην διεθνή ιστορική βιβλιογραφία τα παραδείγματα των Αλδινών βιβλιοδεσιών σπανίζουν. Η βελγική βιβλιοδεσία του Γιάν Ρύκαερτ, έρχεται να μας φέρει στο πνεύμα της περιώνυμης σχολής της Γκέντ. Και ο κύκλος κλείνει με ένα ιδιαίτερο είδος Γερμανικών βιβλιοδεσιών. Οι βιβλιοδεσίες αυτές έχουν ανθεκτική κι ευλύγιστη κατασκευή, με κάλυμμα από δέρμα χοίρου, κατεργασμένο με άλατα αλουμινίου, που αναδεικνύει την επιβλητική ατμόσφαιρα της ανάγλυφης καυτής του διακόσμησης.

Η ουσία όμως του 16ου αιώνα δεν είναι παρά η κορύφωση των ρευμάτων της Αναγέννησης. Είναι μία εξαιρετικά οριακή περίοδος, αφού οι τεχνικές και τα είδη βιβλιοδεσίας, που διαμορφώνονται, φέρουν τα νέα σπέρματα όσων μέλλει να εξελιχθούν ως και τον 19ο αιώνα.

Το μέγιστο γεγονός της γέννησης της τυπογραφίας ήδη ωθεί την τέχνη σε μονοπάτια εμπορικότερων λύσεων όσον αφορά στα υλικά και τις τεχνικές, που χρησιμοποιεί. Ίσως σήμερα νά ακούγεται υπερβολικός ο όρος «εμπορική βιβλιοδεσία» τον 16ο αιώνα. Πάντως είναι γεγονός ότι οι αλλαγές από τότε και στο εξής επηρεάζονται εν πολλοίς από αυτό το δεδομένο. Οι Λίμπ βιβλιοδεσίες είναι ένα τέτοιο είδος, που χαρακτηρίζεται από κατασκευαστική απλότητα, εξαιρετική αντοχή και ικανοποιητική δυνατότητα αισθητικής διαμόρφωσης.

Παράλληλα, η χρήση του χρυσού, που πρώτοι οι Βενετοί αξιοποιούν στη δυτική Ευρώπη, αντλώντας μέσα από τα εμπορικά τους ταξίδια τη γνώση από τούς Έλληνες και τούς Άραβες, είναι μία ακόμα σημαντική αλλαγή. Είτε μόνον χρυσή, είτε συνυπάρχοντας με την καυτή, προαγγέλλει το παιχνίδισμα των διαφορετικών αισθημάτων. Η βενετσιάνικη βιβλιοδεσία είναι ένα τέτοιο δείγμα. Είναι όμως σημαντική και για το χαρτί του βιβλίου της, αλλά και των εσωφύλλων της, το χαρακτηριστικό βενετσιάνικο μπλε χαρτί. Ακολουθούν οι βιβλιοδεσίες, που στη διακόσμησή τους καταγράφεται ο κάτοχός τους. Με επιγράμματα, με τα οικόσημα ή τα εμβλήματα και με συνδυασμούς όλων. Μία από αυτές φέρει διακόσμηση στο ύφος Γκρόλιερ.

Ακολουθούν δύο γαλλικές, Λυοναίζ βιβλιοδεσίες με κύριο χαρακτηριστικό τους τα γεωμετρικά σχέδια, που το εσωτερικό τους γεμίζει με χρώμα κι επίστρωση βερνικιού, περιβαλλόμενα από χρυσές γραμμές. Η τεχνική έχει τις ρίζες της στην Ιταλία. Προαγγέλει κατά κάποιο τρόπο την διακόσμηση με μωσαϊκό δερμάτων. Δέν χρησιμοποιήθηκε πέραν του 17ου αιώνα λόγω του γεγονότος, ότι αυτές οι επιστρώσεις σπάνε εύκολα σε ρωγμές, συμπαρασύροντας την γύρω εργασία με χρυσό.

Το είδος βιβλιοδεσιών που έπεται φέρει στοιχεία αργυροχρυσοχοϊκά. Δεν αποτελεί κάτι νέο η χρήση τέτοιων στοιχείων, απλά θα καταγράψουμε την συνέχεια της ύπαρξής τους, όχι μόνο σ' αυτόν τον αιώνα αλλά και στους επόμενους.

Οι δύο τελευταίες βιβλιοδεσίες συνιστούν από κάθε άποψη απλές κατασκευές με ιδιαιτερότητες κύρια στην ποιότητα των υλικών και τον τρόπο αξιοποίησής τους. Στην προτελευταία κατά την επαναχρησιμοποίηση της χειρόγραφης περγαμηνής, για την κάλυψη των πλευρών εκτός της δυναμικής του ίδιου του υλικού, το κείμενό της παύει να έχει την οιαδήποτε νοηματική υπόσταση και συμβάλλει με την όψη του στη διαμόρφωση ενός οπτικού συνόλου. Η τελευταία παρουσιάζεται για το εξαιρετικό χάρτινο κάλυμμά της.

2. Τετραβάγγελο.

"Manuscript dated the first quarter of 16th century. The scribe is a bad speller his style is crude and his illuminations unskillful.
Its original binding is particularly interesting. A rare kind of a Cypriot binding, with different kind of sewing and end banding than those of the Byzantine style. Its later binding is sewn on leather thongs. The cover is a reproduction of the original by Kiki Doussi."

Description of the reproduction: the book is repaired, sewn on leather thongs, laced in with both leather thongs and sewing thread. Single sewn end bands. The spine is rounded.

Observations deriving from the old cover status: a crude piece of work, obviously following the character of its manuscript. The beauty of its honesty and authenticity is what anyone handling it can sense.

Roughly shaped wooden boards, possibly with a chisel or knife. The front board bears rusty old pins, metallic decorative relief remains. It has been a Cross, as there is a characteristic mark on the leather of the recto cover. Sewing and end banding, through their thread remains, appear to interterlace and interweave along the spine, in a way that leads to the conclusion of the two stages being executed, unified, successively in one stage. It is also obvious, that they link the book block and the wooden boards in the Byzantine tradition. Linen cloth lines the spine and strengthens the inner joint, extending to the boards, in the Byzantine way. The covering leather is of stitched together pieces of goatskin. Rough turn ins, as well as their roughly cut corners are similarly roughly stitched together. There are clasp remains on fore edges.

«Χειρόγραφο του πρώτου τετάρτου τοῦ 16ου αἰῶνος. Ὁ γραφέας εἶναι ἀνορθόγραφος κι ἄκομψος, ἡ δέ διακόσμηση ἀποτελεῖται ἀπό ἄτεχνα ἐπίτιτλα. Ἰδιαίτερο ἐνδιαφέρον παρουσιάζει ἡ βιβλιοδεσία τοῦ Τετραβάγγελου. Ἡ πρώτη βιβλιοδεσία εἶναι σπάνια Κυπριακή, που διαφέρει στό ράψιμο ἀπό τό βυζαντινό ψαροκόκκαλο, ὅπως καί στό κεφαλάρι. Ἡ δεύτερη (μεταγενέστερη) εἶναι ραμμένη πάνω σέ κορδόνια ἀπό δέρμα. Τό ἐξώφυλλο, ἀντικείμενο μελέτης γιά τήν βιβλιοδετική τέχνη, συντηρήθηκε μέ τόν ἴδιο ἀρχικό τρόπο τῆς κυπριακῆς βιβλιοδεσίας ἀπό τή βιβλιοδέτη Κική Δούση»

Περιγραφή της αναπαραχθείσας κατασκευής: το βιβλίο συντηρήθηκε, ράφτηκε σε δερμάτινες λωρίδες και συνδέθηκε με τις ξύλινες πλάκες του, με τις λωρίδες, αλλά και την κλωστή ραψίματος. Απλά πλεγμένα κεφαλάρια. Η ράχη είναι στρογγυλεμένη.

Παρατηρήσεις, που προκύπτουν από την κατάσταση του παλαιού καλύμματος: αντικείμενο πρωτόλειου χαρακτήρα, προφανώς συνακόλουθο του χαρακτήρα του χειρογράφου του. Η ομορφιά της τιμιότητας και της αυθεντικότητάς του είναι η αίσθηση, που αποκομίζει, όποιος το χειρίζεται και το αισθάνεται.

Πρόχειρα λαξεμένες ξύλινες πλάκες, πιθανά με σκαρπέλο ή μαχαίρι. Η εμπρός πλάκα φέρει σκουριασμένα, παλιά καρφιά, απομεινάρια ενός μεταλλικού διακοσμητικού ανάγλυφου, στο σχήμα του σταυρού, του οποίου το αποτύπωμα φαίνεται στο δέρμα του καλύμματος. Το ράψιμο του βιβλίου και των κεφαλαριών εμφανίζονται μέσα από τα απομεινάρια των κλωστών τους, νά συμπλέκονται και νά συνδέονται κατά μήκος της ράχης, έτσι που νά μας οδηγούν στο συμπέρασμα ότι εκτελέστηκαν, διαδοχικά κι ενοποιημένα, σε ένα στάδιο. Είναι επίσης προφανής ο ρόλος τους στη σύνδεση του σώματος του βιβλίου με τις ξύλινες πλάκες, κατά την βυζαντινή παράδοση. Λινό επενδύει την ράχη και συγχρόνως ενισχύει την εσωτερική ένωση, εκτεινόμενο στις πλάκες με τον βυζαντινό τρόπο. Το δέρμα του καλύμματος είναι κομμάτια από δέρμα αίγας, συρραμμένα με απλή βελονιά. Τα ανώμαλα γυρίσματά του και οι αδρά κομμένες γωνίες τους είναι, όμοια, αδρά συρραμμένα. Στις εμπρός ακμές του καλύμματος υπάρχουν σημάδια από κλείστρα.

3. HOMER. Ὁμήρου Ὀδύσσεια. Βατραχομυομαχία. Ὕμνοι. Ulyssea. Batrachomyomachia. Hymni. Venice, Aldus, 1504.

This is one of the very rare specimens of Aldus bindings. Bound in the "à la grecque" style, covered in brown morocco and decorated in blind tooling.

Sewn with the link stitch method, on four sewing stations. Frayed end bands, sewn in the Greek style. The spine is flexible and rounded. Oak boards, of a full thickness, have grooved head, tail and fore edges. Book edges are plain. End papers consist of two plain folios, sewn through. Possibly not the original ones or part of them is missing.

Πρόκειται για ένα από τα σπάνια δείγματα των Αλδινών βιβλιοδεσιών, «α λα γκρέκ», με καφέ μαροκινό και με καυτή διακόσμηση.

Ραμμένη με την αλυσιδωτή βελονιά, σε τέσσερις σταθμούς ραψίματος. Φθαρμένα κεφαλάρια, πλεγμένα κατά τον ελληνικό τρόπο. Η ράχη ευλύγιστη και στρογγυλεμένη. Οι δρύινες πλάκες της, σε όλο τους το πάχος, φέρουν αυλακώσεις στις επάνω, κάτω κι εμπρός ακμές. Οι ακμές του βιβλίου είναι απλές. Τα εσώφυλλα συνίστανται από δύο δίφυλλα, ραμμένα. Πιθανά δεν πρόκειται για τα αυθεντικά ή μέρος τους λείπει.

4. Liturgies. Heirmologion.
Εἱρμολόγιον, τό παρόν βιβλίον ἐτυπώθη Ἐνετίῃσιν ἐκ τῶν τύπων τοῦ Κουνάδου, 1584.

Venetian "à la grecque" binding with clasps. Stamped and blind tooled on spine and sides.

Sewn with chain stitch, on three sewing stations. End bands sewn in the Greek style. Wooden boards appear in their full shape. Endpapers are not the originals. They consist of plain, not sewn folios, just tipped on.

Βενετσιάνικη βιβλιοδεσία «α λα γκρέκ», με κλείστρα. Φέρει διακόσμηση με σφραγίδες και καυτά εντυπώματα στη ράχη και τις πλευρές της.

Ειναι ραμμένη με αλυσιδωτή βελονιά, σε τρεις σταθμούς ραψίματος. Τα κεφαλάρια είναι πλεγμένα κατά τον ελληνικό τρόπο. Οι ξύλινες πλάκες της είναι σε όλο τους το πάχος. Τά εσώφυλλα δεν είναι τα αυθεντικά. Αποτελούνται από απλά δίφυλλα, άραφτα, μόλις στερεωμένα στο βιβλίο με κόλλα.

5. Ἱερόν Εὐαγγέλιον. Ἐνετίῃσιν, παρά τῶν κληρονόμων Χριστοφόρου Τζανέτου, 1590.

Monastic binding, «à la grecque», covered in goatskin. It bears blind tooling. There are a Cross and inscriptions on recto cover. It has two missing clasps.

Sewn on four sewing stations. Its end bands are sewn in the Greek style. Wooden boards have centrally grooved head, tail and fore edges. Book edges are plain. Its endpapers are missing, except from the pastedowns, which are of plain paper.

Μοναστηριακή βιβλιοδεσία «α λα γκρέκ», από δέρμα αίγας. Φέρει παντού καυτή διακόσμηση. Στην εμπρός πλευρά το σχέδιο του Σταυρού και επιγράμματα. Δύο κλείστρα λείπουν.

Ραμμένη σε τέσσερις σταθμούς ραψίματος έχει κεφαλάρια ελληνικού τύπου. Οι ξύλινες πλάκες της φέρουν αυλακώσεις στις επάνω, κάτω κι εμπρός ακμές. Οι ακμές του βιβλίου είναι απλές. Τα εσώφυλλά της λείπουν εκτός των επενδύσεων στο εσωτερικό των πλακών, που είναι από απλό χαρτί.

6. PINDAR. Πινδάρου, Ὀλύμπια. / Πύθια. / Νέμεα. / Ἴσθμια. / Impressi Romae per Zachariam Calergi Cretensem, 1515.

An exceptionally rare copy, as to its printing style and the fonts used.

Contemporary binding, covered in calf, enriched with blind-tooled ornaments on spine and sides.

Sewn on three double raised cords, it has single end bands sewn in one color, with beads on the spine. Although the spine is flexible and rounded, there is a slight stiffness in its movement that can only be explained by a later repair. Its wooden boards have slightly beveled interiors along all their edges. Book edges are plain and the title of the book is scribed with calligraphy on fore edge. End papers are missing except pastedowns, which are of plain handmade paper.

Αντίτυπο εξαιρετικής σπανιότητας όσον αφορά στην τυπογραφία και τα τυπογραφικά στοιχεία που χρησιμοποιήθηκαν. Βιβλιοδεσία της εποχής, από δέρμα μόσχου, εμπλουτισμένη με διακόσμηση καυτών εντυπώσεων στη ράχη και τις πλευρές της.

Ραμμένη σε τρεις διπλούς εξωτερικούς σπάγκους, έχει απλά, μονόχρωμα κεφαλάρια, πλεγμένα με τον κόμπο στην ράχη. Η ράχη είναι ευλύγιστη και στρογγυλεμένη, αν και κάπως σκληρή για το είδος της, πιθανό ενδεχόμενο κάποιας μεταγενέστερης επισκευαστικής παρέμβασης. Οι ξύλινες πλάκες είναι λεπτυσμένες εσωτερικά με ελαφρά καμπύλη σε όλες τις ακμές της. Οι ακμές του βιβλίου είναι απλές. Στην εμπρός είναι καλλιγραφημένος ο τίτλος του βιβλίου. Τα εσώφυλλα λείπουν και μόνο η επένδυση στο εσωτερικό των πλακών, από απλό χειροποίητο χαρτί, έχει διασωθεί.

7. PROKOPIOS, of Caesaria. Prokopii Rhetoris et Hystoriographi de Iustiniani Imp. aedificiis libri sex, nunc latinitate donati per Franc. Craneveldium. Parisiis, 1537.

Fully covered in brown calf Belgian binding, made by Jan Ryckaert of Ghent. The sides are stamped into twenty-four lozenge shaped compartments enclosing in alternate rows a shepherd and a flowering branch, the vacant side spaces are filled in with eight bees and eight fleurs-de-lis, in sharp and clear relief. It has two silk ties on fore edges.

Sewn on four raised cords, its end bands are single-sewn in two colors. The spine is flexible and rounded. Its wooden boards are of a full thickness. Book edges are tinted red. End papers could not be defined. Original pastedowns made of vellum. Flyleaves are of a later application.

Βελγική βιβλιοδεσία του Γιάν Ρύκαερτ της Γκέντ, όλο δέρμα καφέ μόσχου. Οι πλευρές είναι διακοσμημένες με σφραγίδες σε ρομβοειδή τμήματα, που περικλείουν σε εναλλασσόμενη σειρά ένα βοσκό και έναν ανθισμένο κλάδο, με τα ακραία κενά διαστήματα γεμάτα με οκτώ μέλισσες και οκτώ κρίνους, σε αδρό και καθαρό ανάγλυφο. Έχει δύο μεταξωτά δεσίματα στις εμπρός ακμές.

Ραμμένη σε τέσσερις εξωτερικούς σπάγγους, έχει απλά και δίχρωμα

κεφαλάρια. Η ράχη της είναι ευλύγιστη και στρογγυλεμένη. Οι ξύλινες πλά-
κες της διατηρούν όλο τους το πάχος. Οι ακμές του βιβλίου είναι βαμμένες
κόκκινες. Τα εσώφυλλα δεν είναι δυνατόν νά προσδιοριστούν ακριβώς. Οι
επενδύσεις στο εσωτερικό των πλακών είναι οι αυθεντικές, από περγαμηνή.
Τα ελεύθερα φύλλα είναι μεταγενέστερα.

8. HOMER. Opera.
**[ex officina Rutgeri Rescij Quarto Ibus Octob. Sumptibus eiusdem ac
Bartholomei Grauij].
Lovanij, 1535.**

Fully covered in leather Belgian binding, with two silk ties on fore edges.
It bears double impression of a large figure stamp on sides. The spine is blind
tooled.

Sewn on five alum-tawed pigskin tapes. Its end bands are single-sewn
in two colors. The spine is flexible and rounded. Its wooden boards have
shaped spine edges, whereas head, tail and fore edges keep their full thickness.
Book edges are plain. End papers are the original. They consist of a plain
sheet functioning as flyleaf and a second parchment sheet, an old manuscript,
functioning as pastedown. Both of them fold around the end gatherings of
the book and they are sewn through with it.

Ραμμένη σε πέντε ταινίες από δέρμα χοίρου κατεργασμένο με άλατα
αλουμινίου. Τά κεφαλάρια είναι απλά και δίχρωμα. Η ράχη είναι ευλύγιστη
και στρογγυλεμένη. Οι ξύλινες πλάκες είναι λεπτυσμένες στην ακμή της ρά-
χης, ενώ οι επάνω, κάτω κι εμπρός ακμές διατηρούν όλο τους το πάχος. Οι
ακμές του βιβλίου είναι απλές. Τα εσώφυλλα είναι τα αυθεντικά. Αποτε-
λούνται από ένα απλό φύλλο, που συνιστά το ελεύθερο φύλλο κι ένα δεύτε-
ρο περγαμηνή, παλαιό χειρόγραφο, που συνιστά την επένδυση στο εσωτε-
ρικό των πλακών. Και τα δύο αναδιπλώνονται πίσω από το πρώτο και το
τελευταίο τετράδιο του βιβλίου και ράβονται με αυτά.

9. AESOP. (1530 ED.)
**Aesopi Phrygis fabellae, Graece et Latinae.
Basileae, in officina Frobeniana, 1530.**

German binding fully covered in dyed, alum-tawed pigskin, dated 1538.
It is a stamped binding.

Sewn on three double raised cords. Its end bands are a continuation of
book sewing, without support and with beads on book edges. The spine is
flexible and rather stiff, with a rounded shape. Thin boards appear in
their full thickness. Book edges are plain. End papers are not the original,
except from their pastedowns. They consist of a plain folio tipped on book.

Γερμανική βιβλιοδεσία, από βαμμένο δέρμα χοίρου, επεξεργασμένο με άλατα αλουμινίου. Χρονολογείται το 1538 και φέρει διακόσμηση με σφραγίδες.

Ραμμένη σε τρεις διπλούς σπάγγους. Τα κεφαλάρια της πλέκονται σαν συνέχεια του ραψίματος του βιβλίου, χωρίς υποστήριξη και με τούς κόμπους προς τις ακμές του βιβλίου. Η ράχη είναι ευλύγιστη, κάπως σφικτή και στρογγυλεμένη. Τα λεπτά χαρτόνια της εμφανίζονται σε όλο τους το πάχος. Οι ακμές του βιβλίου είναι απλές. Τα εσώφυλλα δεν είναι τα αυθεντικά, με την εξαίρεση των επενδύσεων στο εσωτερικό των χαρτονιών.

Αποτελούνται από ένα απλό δίφυλλο στερεωμένο στο βιβλίο με κόλλα.

10. ARISTOTLE. Aristotelis De moribus ad Nicomachum Libri decem... Heidelbergae, Ludovicus Lucius, 1560.

German binding covered in dyed, alum-tawed pigskin. It bears stamped decoration and two clasps.

Sewn on three double raised cords. End bands are single-sewn in one color on cloth, extending to the boards. Flexible and rounded spine with detached leather. Wooden boards have inside cushioned edges and outside, centrally beveled head, tail and fore edges. Book edges tinted blue. End papers consist of a plain folio functioning as pastedown and flyleaf.

Γερμανική βιβλιοδεσία, από βαμμένο δέρμα χοίρου, κατεργασμένο με άλατα αλουμινίου. Φέρει διακόσμηση με σφραγίδες και δύο κλείστρα.

Ραμμένη σε τρεις διπλούς εξωτερικούς σπάγγους. Τα κεφαλάρια είναι απλά και μονόχρωμα, πλεγμένα σε ύφασμα, που εκτείνεται στις πλάκες. Οι ξύλινες πλάκες της έχουν λεπτυσμένο το εσωτερικό όλων των ακμών καμπυλωτά και το εξωτερικό των επάνω, κάτω κι εμπρός, με απότομο κατέβασμα στα κέντρα τους. Οι ακμές του βιβλίου είναι βαμμένες μπλε. Τα εσώφυλλα συνίστανται από ένα ραμμένο απλό δίφυλλο, που αποτελεί την επένδυση στο εσωτερικό των πλακών και το ελεύθερο φύλλο.

11. HOMER. Ὁμήρου Ἰλιάς, ἤ μᾶλλον ἅπαντα τά σωζόμενα. Homeri Ilias, seu potius omnia eius quae extant opera.
Ὁμήρου Ὀδύσσεια. Homeri Odyssea, eiusdem Batrachomyomachia, Hymni, aliaque eius opuscula, seu catalecta, omnia Graece & Latine edita.
Argentorati, excudebat Theodosius Rihelius 1572. 2 vols.

German dyed alum-tawed pigskin bindings. Volume one is stamped with Justicia and Lucretia panels. Volume two is stamped with arms of Saxony on front cover.

Sewn on four raised cords. Single end bands, with beads on book edge, sewn in two colors. Spine is flexible and rounded. Wooden boards have in and out shaped spine edges. Book edges are tinted. End papers of a plain folio are not sewn. They are tipped on book.

Δύο Γερμανικές βιβλιοδεσίες από βαμμένο δέρμα χοίρου, επεξεργασμένο με άλατα αλουμινίου. Ο πρώτος τόμος φέρει καυτή διακόσμηση με σφραγίδες, που απεικονίζουν την Δικαιοσύνη και την Ευημερία. Ο δεύτερος τόμος, στην εμπρός πλευρά, έχει δύο σφραγίδες με έμβλημα της Σαξονίας.

Ραμμένες σε τέσσερις σπάγγους εξωτερικούς, έχουν δίχρωμα μονά κεφαλάρια, με τον κόμπο προς τις ακμές του βιβλίου. Η ράχη τους είναι ευλύγιστη και στρογγυλεμένη. Οι ξύλινες πλάκες τους είναι λεπτυσμένες στην ακμή της ράχης. Οι ακμές του βιβλίου είναι βαμμένες. Τα εσώφυλλά τους αποτελούνται από ένα απλό δίφυλλο, άραφτο, στερεωμένο με κόλλα στο βιβλίο.

12. ARTEMIDORUS of Daldis. Ἀρτεμιδώρου Ὀνειροκριτικῶν βιβλία πέντε... Artemidori De Somniorum interpretatione Libri Quinq... Venetiis, in aedibus Aldi et Andreae Soceri. 1518

This is an excellent specimen of Italian limp vellum binding, with Yapp fore edges and missing ties.

Sewn on three alum-tawed pigskin tapes, with a slot. It has single, one-color end bands, sewn on alum-tawed pigskin core. The attachment method of the book block to the cover is immensely interesting. There is an old manuscript lining, adhered on the book spine in between the sewing stations. It extends to the sides and these extensions are adhered on to the first leaf of the end papers. Vellum bands, crossing each other on the spine of the cover enter through slots inside it. They come to enclose the sewing supports and then they are tied to a knot underneath. They are both adhered on to the first leaf of the end papers. Book edges are roughly gilt and gauffered with an arabesque pattern. Front end papers are missing and the new ones are just plain leaves tipped on one after the other. There are no pastedowns. Cover shows rough turn ins with stitched corners.

Πρόκειται για εξαιρετικό δείγμα ιταλικής Λίμπ βιβλιοδεσίας από περγαμηνή, με Γιάπ ακμές και δεσίματα που λείπουν. Ο τίτλος με καλλιγραφία στην ράχη και την εμπρός πλευρά του καλύμματος.

Ραμμένη σε τρεις ταινίες από δέρμα χοίρου κατεργασμένο με άλατα αλουμινίου, με κεντρική κάθετη σχισμή. Έχει απλά και μονόχρωμα κεφαλάρια, πλεγμένα σε υποστήριξη όμοια με του ραψίματος. Η μέθοδος σύνδεσης του σώματος του βιβλίου με το κάλυμμα είναι εξαιρετικά ενδιαφέρουσα. Υπάρχει ένα παλαιό χειρόγραφο περγαμηνής- επένδυση της ράχης του βιβλίου, εφαρμοσμένο με κόλλα ανάμεσα στους σταθμούς ραψίματος, που εξέχει στα εσώφυλλα κι επικολλάται σ'αυτά. Στην ράχη του καλύμματος, λωρίδες περγαμηνής διασταυρώνονται και εισδύουν στο εσωτερικό του μέσα από σχισμές. Εκεί αγκαλιάζουν τις ταινίες του ραψίματος και δένουν σε κόμπο στο κάτω μέρος τους, επιτελώντας έτσι την σύνδεση του καλύμματος με το βιβλίο. Έπειτα στερεώνονται με κόλλα στο εσώφυλλο. Οι ακμές του βιβλίου είναι αδρά επιχρυσωμένες κι εντυπωμένες με αραβουργήματα. Οι γωνίες των γυρισμάτων είναι στερεωμένες με βελονιές. Τα αυθεντικά εμπρός εσώφυλλα λείπουν και τα καινούργια είναι απλά φύλλα στερεωμένα το ένα μετά το άλλο. Το εσωτερικό του καλύμματος δεν έχει επένδυση κι εμφανίζει τα αδρά του γυρίσματα νά σχηματίζουν γωνίες στερεωμένες με βελονιά.

13. PAUSANIAS. Pausaniae Quinque regionum veteris Graeciae descriptio, Romulo Amasaeo interprete. Tomus secundus. Lugduni, apud haeredes Iacobi Iuntae, 1558.[Latin]

French limp binding with Yapp edges, covered in dyed alum-tawed pigskin. Spine, sides and Yapp edges bear elaborate gold tooling.

Sewn on three alum-tawed thongs, its end bands are single-sewn in two colors. Book edges are roughly gilt. Head edge bears gauffered inscription with initials I F I. End papers consist of two folios sewn through one inside the other. The first leaf of the first folio is applied as a pastedown. The first leaf of the second folio is applied as a flyleaf.

Γαλλική λίμπ βιβλιοδεσία από βαμμένο δέρμα χοίρου κατεργασμένο με άλατα αλουμινίου. Το κάλυμμα σχηματίζει στις εμπρός ακμές του βιβλίου ακμές Γιάπ. Η ράχη, οι πλευρές και οι Γιάπ ακμές φέρουν παντού περίλαμπρη χρυσή διακόσμηση.

Ραμμένη σε τρεις λωρίδες από χοιρόδερμα κατεργασμένο με άλατα αλουμινίου. Τα κεφαλάρια της είναι απλά και δίχρωμα. Οι ακμές του βιβλίου είναι αδρά επιχρυσωμένες. Τα εσώφυλλά της αποτελούνται από δύο δίφυλλα ραμμένα το ένα μέσα στο άλλο. Το πρώτο φύλλο του πρώτου δίφυλλου αποτελεί την επένδυση στο εσωτερικό του καλύμματος. Το πρώτο φύλλο του δεύτερου δίφυλλου αποτελεί το ελεύθερο φύλλο.

14. JUSTINIAN I (Institutiones, 1583, ed.). Iustiniani Institutionum libri IIII... Studio et opera Ioannis Crispini... [Geneva, Eustache Vignon] 1583.

Limp vellum binding with Yapp edges and two ties on fore edge. Title is written with calligraphy on a paper label, stuck on the spine.

Sewn on three alum- tawed pigskin tapes. It has a flexible, rounded spine. End bands are single-sewn in two colors, on alum-tawed pigskin support, laced through the cover. Book edges are tinted dark orange. End papers consist of two folios sewn through, one inside the other. The inner folio functions as pastedown and flyleaf.

Βιβλιοδεσία τύπου λίμπ από περγαμηνή με το κάλυμμα νά σχηματίζει Γιάπ ακμές. Στις εμπρός ακμές του φέρει και δύο δεσίματα. Ο τίτλος είναι γραμμένος με καλλιγραφία σε χάρτινη επιγραφή, επικολλημένη στη ράχη.

Ραμμένη σε τρεις ταινίες από χοιρόδερμα κατεργασμένο με άλατα αλουμινίου. Τα κεφαλάρια της είναι απλά πλεγμένα με δύο χρώματα σε υποστήριξη, όμοια με εκείνη του ραψίματος, που διαπερνά το κάλυμμα. Οι ακμές του βιβλίου είναι βαμμένες σκούρο πορτοκαλί. Τα εσώφυλλα αποτελούνται από δύο δίφυλλα, ραμμένα το ένα μέσα στο άλλο. Το εσωτερικό λειτουργεί σαν επένδυση στο εσωτερικό του καλύμματος και σαν ελεύθερο φύλλο.

15. Francesco PATRIZZI, La militia romana di Polibio, di Tito Livio, ei di Dionigi Alicarnaseo...
Ferrara, Dom. Mamarelli, 1583.

"The author has the intention to prove that the Roman's strategy, discipline e.t.c. have been the most superior among those of their era. Preface is dedicated to Alphonso II Duke du Ferrara."

Italian limp vellum binding. Vellum is paste decorated in a marble pattern.

Sewn on three alum-tawed pigskin tapes, it has end bands of an Italian style, laced through the cover. Book edges are plain. Title is inscribed in black ink on head edge. End papers consist of a plain folio folded around the first gathering. They are sewn through together. The folio functions as pastedown and flyleaf.

«Ὁ συγγραφέας ἔχει τήν πρόθεση νά ἀποδείξει ὅτι ἡ στρατηγική, οἱ κανόνες κ.λ.π. τῶν Ρωμαίων ἦταν τά πλέον ἀνώτερα τῆς ἐποχῆς τους. Ὁ πρόλογος εἶναι ἀφιερωμένος στόν Ἀλφόνσο II Δούκα τῆς Φερράρα.»

Ιταλική βιβλιοδεσία τύπου λίμπ, από περγαμηνή ζωγραφισμένη με νερά μαρμάρου. Ραμμένη σε τρεις ταινίες από χοιρόδερμα κατεργασμένο με άλατα αλουμινίου, έχει κεφαλάρια ιταλικού τύπου των οποίων η στήριξη διαπερνά το κάλυμμα. Οι ακμές του βιβλίου είναι απλές. Η επάνω ακμή φέρει τον τίτλο καλλιγραφημένο με μαύρο μελάνι. Τα εσώφυλλα αποτελούνται από ένα απλό δίφυλλο αναδιπλωμένο γύρω από το πρώτο τετράδιο. Ράβονται μαζί. Το δίφυλλο αυτό συνιστά την επένδυση στο εσωτερικό του καλύμματος και το ελεύθερο φύλλο.

16. HESIOD Ἡσιόδου τοῦ Ἀσκραίου ἔργα καί ἡμέραι. Θεογονία Ἀσπίς Ἡρακλέους... Hesiodi Ascraei opera et dies. Theogonia. Scutum Herculis... Venetiis, in aedibus Bartholomei Zanetti... diligentia Ioannis Francisci Trincaveli, 1537.

Fully covered in leather Italian binding. It is blind and gold tooled on spine and sides. The recto cover bears the title gold tooled on a circular, central panel. Cover edges, head and tail cups are gold tooled. Turn ins are blind tooled.

The binding is re-backed. Sewn on three alum-tawed leather tapes, it has single sewn end bands in two colors, a flexible and rounded spine. There are four fake thin raised bands. They appear to be applied straight onto the spine extending to the boards. It can't be surely stated, whether they are part of book lacing in or not. Their bulk shows on the sides as well as that of the sewing supports, although there are no sewing stations where they are. Boards are in their full thickness. Book edges are roughly gilt. End papers are the originals. They consist of a plain folio sewn through with the first and last gatherings of the book, by being folded behind them.

Ιταλική βιβλιοδεσία, όλο δέρμα. Φέρει καυτή διακόσμηση στη ράχη και τις πλευρές της. Η εμπρός πλευρά του καλύμματος φέρει τον τίτλο εντυπωμένο σε έγκεντρο κύκλο. Οι ακμές του καλύμματος και οι επάνω και κάτω καλύπτρες των κεφαλαριών φέρουν χρυσή διακόσμηση. Τα γυρίσματα του δέρματος φέρουν καυτή διακόσμηση.

Το δέρμα της ράχης έχει αντικατασταθεί. Ραμμένη σε τρεις ταινίες από δέρμα κατεργασμένο με άλας αλουμινίου, έχει κεφαλάρια απλά και δίχρωμα. Η ράχη είναι ευλύγιστη και στρογγυλεμένη. Υπάρχουν τέσσερα ψευδή λεπτά εξογκώματα. Εμφανίζονται σαν εφαρμοσμένα στη ράχη κι εκτεινόμενα στα χαρτόνια. Δεν μπορεί νά καθοριστεί σίγουρα, αν συμμετέχουν στην ένωση του βιβλίου με τις πλάκες ή όχι. Το εξόγκωμά τους διακρίνεται στις πλευρές όσο κι εκείνο των ταινιών, αν και δεν υπάρχουν σταθμοί ραψίματος, που νά ανταποκρίνονται στην θέση τους. Τα χαρτόνια είναι σε όλο τους το πάχος. Οι ακμές του βιβλίου είναι αδρά επιχρυσωμένες. Τα εσώφυλλα είναι τα αυθεντικά. Αποτελούνται από ένα απλό δίφυλλο, ραμμένο μαζί με το πρώτο τετράδιο του βιβλίου, καθώς αναδιπλώνει πίσω του.

17. AURELIUS ANTONINUS, Marcus. Vita di M. Aurelio Imperadore... tradotta de Spagnuolo in Lingua Toscana per Mambrino Roseo da Fabriano. Roma, per Baldassare de Cartolari Perugino, 1543.

Printed upon blue paper.

Venetian binding in red morocco, sides richly blind and gold tooled in scroll ornaments, with line and diagonal frame sides, title of book in centers.

Sewn on three alum-tawed pigskin tapes. End bands are thin, single-sewn in two colors on rolled strips of alum-tawed pigskin. They are not tied down to the gatherings and they extend to the boards. This creates a stiff opening. The spine is flexible and almost flat. Boards are of a full thickness. Book edges are roughly gilt. End papers consist of two folios of blue paper as the book paper. They are positioned one inside the other. The outer is sewn through.

Τυπωμένο σε μπλε χαρτί.

Βενετσιάνικη βιβλιοδεσία από κόκκινο μαροκινό, οι πλευρές έχουν πλούσια καυτή και χρυσή διακόσμηση με σπειροειδή κοσμήματα, με άκρες που σχηματίζουν γραμμωτό και διαγώνιο πλαίσιο. Ο τίτλος του βιβλίου είναι στα κέντρα τους.

Ραμμένη σε τρεις ταινίες από δέρμα χοίρου, κατεργασμένο με άλατα αλουμινίου. Τα κεφαλάρια είναι λεπτά, απλά και δίχρωμα, πλεγμένα σε στριφογυριστές λωρίδες από δέρμα χοίρου, κατεργασμένο με άλατα αλουμινίου. Δεν είναι στερεωμένα στα τετράδια. Η ράχη είναι ευλύγιστη και σχεδόν επίπεδη. Τα χαρτόνια διατηρούν όλο τους το πάχος. Οι ακμές του βιβλίου είναι αδρά επιχρυσωμένες. Τα εσώφυλλα αποτελούνται από δύο δίφυλλα, από το ίδιο μπλε χαρτί του βιβλίου. Είναι τοποθετημένα το ένα μέσα στο άλλο. Το εξωτερικό είναι ραμμένο.

18. GENNADIOS, Georgios Scholarios. Gennadii Scholarii Patriarchae Constantinopolitani De synceritate Christianae fidei Dialogus qui inscribitur Περί τῆς ὁδοῦ τῆς σωτηρίας τῶν ἀνθρώπων, id est De via salutis humanae. (Viennae Austriae, Hieronymus Vietor, 1530).

Fully covered in leather, Italian binding, made for Ercole d' Este (1508-1559), gold tooled on sides. It bears the owner's title of honour, on recto cover "Hercules II", on verso "FERRER. DUX VI", both tooled in gold. It has been re-backed and re-sewn with none of its original characteristics properly restored. Its original formation can only be assumed, by association with contemporary historical elements, such as a flexible spine, with the book sewn on raised supports and single sewn end bands. The current sewing has been carried out on three recessed cords. Current end bands are silk, single sewn in two colors. Its current tight back bears three raised bands. It has the original wooden boards in a full thickness. Book edges are tinted blue. The end papers are not the original and consist of a plain folio, tipped on book.

Ιταλική βιβλιοδεσία, όλο δέρμα, κατασκευασμένη για τον Έρκολε ντ' Έστε (1508-1559), με χρυσή διακόσμηση στις πλευρές της. Φέρει τον τίτλο τιμής του κατόχου, στην εμπρός πλευρά «Hercules II» και στην οπίσθια «FERRER. DUX VI», εντυπωμένο με χρυσό. Η ράχη έχει αποκατασταθεί, χωρίς νά περισωθούν τα αυθεντικά της στοιχεία.

Η πρωτότυπη διαμόρφωσή της μπορεί νά προσδιοριστεί συμπερασματικά και σύμφωνα με τα ιστορικά δεδομένα, ως ευλύγιστη ράχη, με ράψιμο σε εξωτερική υποστήριξη και απλά πλεγμένα κεφαλάρια. Το τρέχον ράψιμο έγινε σε τρεις εσωτερικούς σπάγγους. Τα τρέχοντα κεφαλάρια είναι απλά, μεταξωτά, πλεγμένα σε δύο χρώματα. Η τρέχουσα ράχη είναι εφαρμοστή και φέρει τρία εξογκώματα. Οι πρωτότυπες ξύλινες πλάκες της είναι σε όλο τους το πάχος. Οι ακμές του βιβλίου είναι βαμμένες μπλε. Τα εσώφυλλά της δεν είναι τα πρωτότυπα και αποτελούνται από ένα απλό δίφυλλο, στερεωμένο με κόλλα στο βιβλίο.

19. Flavius JOSEPHUS. [Ed. Princeps].
Φλαβίου Ἰωσήπου Ἰουδαϊκῆς ἀρχαιολογίας λόγοι ...
Flavii Iosephi Opera... Basileae, 1544.

Italian binding, fully covered in dark brown morocco. Spine is blind and gold tooled. Sides are covered with an elaborate geometrical design in compartments, in the Grolieresque style, with arabesque embellishments and inscriptions in letters of gold, (on the recto) DAMIANUS PFLUG, ΦΛΑΒΙΟΣ ΙΩΣΗΠΟΣ (on the verso) MDXLV, MAI, Bononiae.

Sewn on three raised cords. Its end bands are simple, sewn in two colors on cloth rolled around cord. They extend to the boards, part of which is cut off, so that this extension is not raised. Boards are in their full thickness. Spine is flexible and rounded with four fake thin and flat bands. Book edges are roughly gilt. Endpapers consist of two plain folios, one inside the other. The outer is sewn through and tipped on. The inner is applied as pastedown and flyleaf.

Ιταλική βιβλιοδεσία από σκούρο καφέ μαροκινό. Στο ύφος των βιβλιοδε-σιών του Γκρόλιερ, οι πλευρές γεμίζουν με περίλαμπρα γεωμετρικά σχέδια, που σχηματίζουν τμήματα με αραβουργήματα και επιγραφές σε χρυσό, (στην εμπρός) DAMIANUS PFLUG, ΦΛΑΒΙΟΣ ΙΩΣΗΠΟΣ και (στην οπίσθια) MDXLV, MAI, Bononiae.

Ραμμένη σε τρεις διπλούς εξωτερικούς σπάγγους. Τα κεφαλάρια της εί-ναι απλά και δίχρωμα, πλεγμένα σε ύφασμα, που αναδιπλώνεται γύρω από σπάγγο. Εκτείνονται στα χαρτόνια από τα οποία αφαιρείται τμήμα για νά απορροφηθεί αυτή η προέκταση. Τα χαρτόνια διατηρούν όλο τους το πά-χος. Η ράχη είναι ευλύγιστη και στρογγυλεμένη και φέρει τέσσερα ψευδή εξογκώματα επίπεδα και λεπτά. Οι ακμές του βιβλίου είναι αδρά επιχρυ-σωμένες. Τα εσώφυλλα αποτελούνται από δύο δίφυλλα τοποθετημένα το ένα μέσα στο άλλο. Το εξωτερικό ράβεται και στερεώνεται στο βιβλίο με κόλ-λα και συνιστά την επένδυση στο εσωτερικό των χαρτονιών και το ελεύθερο φύλλο.

20. PLATO. [Editio princeps]. ῍Απαντα τά τοῦ Πλάτωνος. Omnia Platonis opera. Venetiis in aedibus Aldi, et Anreae Soceri, 1513.

Original binding, covered in red calf. Gold tooled, with coat of arms.

Sewn on four single, raised cords. End bands are sewn on two pieces of rolled leather, with three threads; a linen one, which is used as a basic and two silk, which are sewn over the linen sewing. They apparently imitate the Byzantine style with a fake extension to the boards. The spine is flexible and rounded. Its wooden boards have cushioned spine edges and grooved head, tail and fore edges. Roughly gilt book edges. End papers are of a plain folio, tipped on book.

Πρωτότυπη βιβλιοδεσία, από δέρμα μόσχου. Χρυσή διακόσμηση με έμβλημα.

Ραμμένη σε τέσσερις εξωτερικούς σπάγγους. Τα κεφαλάρια της έχουν πλεχτεί σε δύο κομμάτια στριφογυριστό δέρμα, με τρεις κλωστές. Μία βα-σική λινή και δύο μεταξωτές, που μοιάζει νά πλέκονται πάνω στο δικό της πλέξιμο. Μιμούνται κατά κάποιο τρόπο τα βυζαντινά, με μία ψευδή προέκταση στις πλάκες. Η ράχη είναι ευλύγιστη και στρογγυλεμένη. Οι ξύλινες πλάκες της είναι λεπτυσμένες καμπυλωτά στην ακμή της ράχης. Φέρουν αυλακώσεις στις επάνω, κάτω κι εμπρός ακμές. Οι ακμές του βιβλίου είναι επιχρυσωμένες. Τα εσώφυλλα αποτελούνται από ένα απλό δίφυλλο στερεωμένο με κόλλα στο βιβλίο.

21. GEORGIEVITZ, Bartholomeus. Opera nova che comprondre quattro libretti, Bartholomeo Georgievitz de Croacia Pellegrino Hierosolymitano authore, (Roma) 1555.

Italian binding with the Arms of Cardinal Hippolito of Ferrara on sides within a double gilt border and the inscription (on recto) ILLUSTRISS. PRINCIPI ET REVERENDISSIMO D. (on verso) HIPPOLITO CARD. FERR. AUTHOR D.D. It bears blind and gold tooling decoration.

Sewn on three alum-tawed pigskin tapes. Its end bands are single sewn in two colors, on rolled alum-tawed pigskin strips, not tied down to the gatherings and extending to the boards. This creates a stiff opening. Spine is flexible almost flat. Boards are of a full thickness. Book edges are roughly gilt and gauffered, in a Moresque geometrical patern, forming a chain like border. The tail edge bears an inscription in black ink: DI TERRA SANCTA. Original end papers are missing. There is later applied back plain folio. The front is damaged.

Ιταλική βιβλιοδεσία. Στις πλευρές υπάρχει εντυπωμένο με χρυσό το έμβλημα του Καρδιναλίου Ιππόλυτου της Φεράρα μέσα σε διπλή μπορντούρα από χρυσό και την επιγραφή (στην εμπρός) ILLUSTRISS. PRINCIPI ET REVERENDISSIMO D. (στην οπίσθια) HIPPOLITO CARD. FERR. AUTHOR D.D. Φέρει καυτή και χρυσή διακόσμηση.

Ραμμένη σε τρεις ταινίες από δέρμα χοίρου, κατεργασμένο με άλατα αλουμινίου. Τα κεφαλάρια είναι απλά και δίχρωμα, πλεγμένα σε αναδιπλωμένο χοιρόδερμα, κατεργασμένο με άλατα αλουμινίου. Δεν στερεώνονται στα τετράδια κι εκτείνονται στα χαρτόνια, δημιουργώντας δύσκολο άνοιγμα. Η ράχη είναι ευλύγιστη και σχεδόν επίπεδη. Τα χαρτόνια είναι σε όλο τους το πάχος. Οι ακμές του βιβλίου είναι επιχρυσωμένες και φέρουν εντυπώματα σε αραβουργήματα, γεωμετρικού σχεδίου, που σχηματίζουν αλυσίδα. Η κάτω ακμή του βιβλίου φέρει επιγραφή με μαύρο μελάνι: DI TERRA SANCTA. Τα αυθεντικά εσώφυλλα λείπουν. Ένα απλό δίφυλλο αποτελεί το οπίσθιο καινούργιο εσώφυλλο. Το εμπρός είναι κατεστραμμένο.

22. BIBLE. N.T. Τῆς Καινῆς Διαθήκης ἅπαντα. Novum Testamentum. Lutetiae, ex officina Roberti Stephani, 1546.

French enameled binding, covered in calf. Sides are tooled with a geometrical interlaced design, with floriated center in blue, white, green and gold, and compartments filled with arabesque ornaments, stars e.t.c. Gold tooling spreads on cover edges and head and tail caps.

The binding has been re-backed. It is sewn on four raised cords. Silk single-sewn end bands, in two colors. The spine is rounded and stiff, although it should naturally be flexible. Possibly dew to some sort of changes during re-backing. Full thickness boards. Book edges are gilt and gauffered (pointillé). End papers consist of two plain folios, one tipped on inside the other. The inner folio functions as pastedown and flyleaf.

Γαλλική επισμαλτωμένη βιβλιοδεσία, από δέρμα μόσχου. Οι πλευρές είναι διακοσμημένες με συμπλεκόμενο γεωμετρικό σχέδιο, ανθοφόρο κέντρο με μπλε, άσπρο, πράσινο και χρυσό και τμήματα γεμισμένα με κοσμήματα, αραβουργήματα, άστρα κ. α. Η χρυσή διακόσμηση απλώνεται στις ακμές του καλύμματος και τις καλύπτρες των κεφαλαριών.

Το δέρμα της ράχης της έχει αντικατασταθεί. Είναι ραμμένη σε τέσσερις εξωτερικούς σπάγγους. Τα κεφαλάρια είναι μεταξωτά, απλά και δίχρωμα. Η ράχη φυσιολογικά ευλύγιστη και στρογγυλεμένη συμπεριφέρεται σαν συμπαγής, πιθανόν εξ αιτίας κάποιου είδους παρέμβασης κατά την αποκατάστασή της. Χαρτόνια σε όλο τους το πάχος. Οι ακμές του βιβλίου είναι επιχρυσωμένες και φέρουν εντυπώματα με κουκκίδες. Τα εσώφυλλα συνίστανται από δύο απλά δίφυλλα, το ένα στερεωμένο μέσα στο άλλο με κόλλα. Το εσωτερικό δίφυλλο λειτουργεί ως επένδυση στο εσωτερικό των χαρτονιών και ως ελεύθερο φύλλο.

23. APPIAN. Appiano Alessandrino delle guerre civili et esterne de Romani. In Venetia, 1550.

Italian binding, an original Lyonese. Its sides bear enameled border and corner ornaments, enclosing an inner compartment gold tooled with a rich design of arabesque. F. Bedford has reproduced the verso cover according to the original (19th century).

Sewn on three tapes, of indefinable material. End bands are single-sewn in two colors. Tight back. It lacks of banding. Boards are in their full thickness. Book edges are gilt and gauffered. End papers are obviously not the original. They consist of a plain folio.

Γαλλική βιβλιοδεσία, αυθεντική Λυοναΐζ. Οι πλευρές της φέρουν μπορντούρες και γωνίες επιχρωματισμένες, που περικλείουν επιφάνεια πλούσια κοσμημένη με αραβουργήματα, εντυπωμένα με χρυσό. Η οπίσθια πλευρά έχει αναπαραχθεί σύμφωνα με την αυθεντική από τον Φ. Μπέντφορντ (19ος αιώνας).

Ραμμένη σε τρεις εσωτερικές δερμάτινες λωρίδες ή σπάγγους (Δεν είναι εύκολο να διαγνωστεί). Τα κεφαλάρια είναι απλά και δίχρωμα. Η ράχη είναι εφαρμοστή. Τα χαρτόνια διατηρούν όλο τους το πάχος. Οι ακμές του βιβλίου είναι επιχρυσωμένες και φέρουν εντυπώματα. Τα εσώφυλλα προφανώς δεν είναι τα αυθεντικά. Αποτελούνται από ένα απλό δίφυλλο.

24. THEODOROS, GAZA, translator. Habentur hoc volumine haec Theodoro Gaza Interprete. Aristotelis...de natura animalium, lib. IX... Theophrasti de historia plantarum, lib. IX... [Lyons, after 1504].

French binding fully covered in leather. Spine is blind tooled. Sides are gold and blind tooled and each of them bears a bronze central rosette and bronze corners. It has four clasps on head, tail and fore edge.

Sewn on three double raised cords. Its end bands are single-sewn in one color. Spine is flexible, slightly stiff and rounded. Its wooden boards have outside beveled head, tail and fore edges, leaving corners in their full thickness. Book edges are tinted brown. End papers consist of two folios sewn through one inside the other and tipped on book.

Γαλλική βιβλιοδεσία, όλο δέρμα. Η ράχη φέρει καυτή διακόσμηση. Οι πλευρές καυτή και χρυσή διακόσμηση, χάλκινες ροζέτες στο κέντρο τους και χάλκινες γωνίες. Έχει τέσσερα κλείστρα στις επάνω, κάτω κι εμπρός ακμές.

Ραμμένη σε τρεις διπλούς σπάγγους έχει απλά και μονόχρωμα κεφαλάρια. Η ράχη της είναι ευλύγιστη και στρογγυλεμένη. Ελαφρά σφικτή. Οι ξύλινες πλάκες της είναι λεπτυσμένες με απότομο κατέβασμα στις επάνω, κάτω κι εμπρός ακμές, αφήνοντας τις γωνίες σε όλο τους το πάχος. Οι ακμές του βιβλίου είναι βαμμένες καφέ. Τα εσώφυλλα αποτελούνται από δύο δίφυλλα ραμμένα το ένα μέσα στο άλλο και στερεωμένα με κόλλα στο βιβλίο.

25. EVANGELIUM secundum Matthaeum, secundum Marcum, secundum Lucam, secundum Iohannem, Acta Apostolorum.
Parisiis, ex officina Rob. Stephani, 1543.

French binding, covered in calf. A frame of floriated brass knobs, on the recto side, encloses a brass figure of the Virgin and Child in high relief, surrounded by nimbus, and on the verso a decorative cartouche in brass. The initials B.M.C.B painted in red on the recto.

Sewn on four raised cords. Silk single sewn end bands. Flexible spine slightly rounded. Full thickness boards. Gilt and gauffered book edges. End papers consist of two plain folios, one tipped on, inside the other. The inner folio functions as pastedown and flyleaf.

Γαλλική βιβλιοδεσία, από δέρμα μόσχου. Μία κορνίζα από ανθοφόρα μπρούτζινα καρφιά, στην εμπρός πλευρά, περικλείει ανάγλυφη μπρούτζινη εικόνα της Παρθένου με το Βρέφος, περιβαλλόμενη από φωτοστέφανο. Τα αρχικά Β.Μ.C.Β είναι ζωγραφισμένα με κόκκινο. Στην οπίσθια πλευρά μία μπρούτζινη διακοσμητική επιγραφή.

Ραμμένη σε τέσσερις εξωτερικούς σπάγγους έχει μεταξωτά απλά κεφαλάρια κι ευλύγιστη στρογγυλεμένη ράχη. Χαρτόνια σε όλο τους το πάχος. Οι ακμές του βιβλίου φέρουν χρυσή διακόσμηση με εντυπώματα. Τα εσώφυλλα αποτελούνται από δύο απλά δίφυλλα, το ένα στερεωμένο με κόλλα μέσα στο άλλο. Το εσωτερικό εφαρμόζεται ως επένδυση στο εσωτερικό των χαρτονιών και ως ελεύθερο φύλλο.

26. BIBLE. Dutch. Den BIBEL inhoudende dat Oude ende Nieuwe Testament. Ghedruckt int Jaer ons Heeren, 1564.

Dutch binding, covered in brown calf. Sides are paneled in blind-tooled, arabesque floriated borders with interspersed classic busts, chased metal corners, central bosses and rims.

Sewn on four double raised cords. End bands are pre-sewn on a piece of linen, in one color. Spine is flexible and rounded. Oak boards have outside shaped spine edges and outside beveled head, tail and fore edges. Book edges are tinted dark blue, but dew to their ageing they appear in a rather brown shade. End papers consist of a plain folio tipped on book and pasted down.

Βιβλιοδεσία Ολλανδικής προέλευσης, από καφέ δέρμα μόσχου. Οι πλευρές χωρίζονται σε τμήματα καυτής διακόσμησης από μπορντούρες ανθοφόρων αραβουργημάτων, με κλασσικά διανθισμένες προτομές, σκαλισμένες μεταλλικές γωνίες, κεντρικούς ύβους και στεφάνη.

Είναι ραμμένη σε τέσσερις διπλούς εξωτερικούς σπάγγους. Τα κεφαλάρια έχουν πλεχτεί εκ των προτέρων πάνω σε λινό ύφασμα. Η ράχη είναι ευλύγιστη και στρογγυλεμένη. Οι δρύινες πλάκες της είναι λεπτυσμένες εσωτερικά, στην ακμή της ράχης καμπυλωτά και στις άλλες ακμές με απότομο κατέβασμα. Οι ακμές του βιβλίου είναι βαμμένες σκούρο μπλε, αλλά εξ αιτίας της παλαιότητάς τους εμφανίζονται σε καφέ απόχρωση. Τα εσώφυλλα αποτελούνται από ένα απλό δίφυλλο, που είναι στερεωμένο στο βιβλίο με κόλλα και εφαρμόζεται σαν επένδυση στο εσωτερικό των πλακών.

27. NONNOS. Νόννου Πανοπολίτου ποιητοῦ μεταβολή τοῦ κατά Ἰωάννην Ἁγίου Εὐαγγελίου...
Parisiis, 1561.

Half leather and vellum binding, dated 1569. Spine is covered in dyed alum-tawed pigskin, stamped on its sides with floral and figure decorative elements. Sides are covered in a re-used parchment manuscript.

Sewn on three double raised cords. Thin single sewn end bands in two colors. Alum-tawed pigskin ties on fore edges. The spine is flexible and rounded. Boards have slightly shaped spine edges. Book edges are plain. End papers keep their original pastedowns, whereas their flyleaves are of a later application, tipped on book.

Ραμμένη σε τρεις διπλούς σπάγγους. Τα κεφαλάρια της είναι απλά, λεπτά και δίχρωμα. Έχει στις εμπρός ακμές δεσίματα από λωρίδες χοιρόδερμα, επεξεργασμένο με άλατα αλουμινίου. Η ράχη είναι ευλύγιστη και στρογγυλεμένη.

Τα χαρτόνια της είναι ελαφρά λεπτυσμένα στην ακμή της ράχης. Οι ακμές του βιβλίου είναι χωρίς διακόσμηση. Τα εσώφυλλα διατηρούν τις αυθεντικές επενδύσεις στο εσωτερικό των χαρτονιών, ενώ τα ελεύθερα φύλλα τους είναι καινούργια και στερεωμένα με κόλλα στο βιβλίο.

28. GUICHARDUS, F. Thomas. Guichardus. Oratio... Parisiis, Robertus Stephanus, 1527.

Γαλλική βιβλιοδεσία ενός τετραδίου με κάλυμμα από δύο χαρτιά. Το ένα, που καλύπτει τη ράχη, είναι απλό. Το άλλο, που καλύπτει τις πλευρές, έχει χάλκινη ανάγλυφη διακόσμηση με μοτίβα από καρπούς και φύλλα αμπέλου. Οι ακμές των φύλλων είναι βαμμένες κόκκινες.

French binding of a single gathering, covered in two different papers. A plain one, covering the spine and another, decorated with a fine embossed bronze vine design, covering the sides. Red tinted book edges.

17th CENTURY.
17ος ΑΙΩΝΑΣ.

The first of the 17th century exhibits is a Russian binding incorporating mixed elements drawn from the past, followed by an embroidered binding and a number of specimens of armorial bindings once belonging to well-known individuals and holding a significant position in the Gennadeion collection.

Three bindings, good representative styles of 17th century, follow. The first is a specimen of the Clovis Eve bindery. Following a long family tradition, Clovis Eve, son of Nicolas, became binder at the court of Henri IV and Louis XIII. The Eve style is characterized by a geometrical scheme, framing compartments decorated with spirals and branches of laurel and palm. The Clovis Eve period showed the richest decoration of the Eve tradition and was later referred to as the "à la fanfare" style. The second binding is a "cloisonné", a continuation of the old craft of enameling silversmith's covers, a skill developed by Greeks and Italians between 11th and 13th century. The third binding is decorated "aux petits fers", characterized by its utilization of numerous small tooled ornaments.

While the 16th century uses flexible sewing, the 17th century tends to use tight backs, as their smoothness facilitates an attractive result, when gold tooled. End bands do not change, whether single or multi-colored, they are single-sewn. End papers become slightly more complicated, consisting of two folios sewn through with the book instead of a single folio or sometimes a single leaf, in previous centuries. A decorated folio is laid as a pastedown and flyleaf. Book edges are mostly gilt, whereas in the 16th century they were tinted or plain, sometimes with the title inscribed on fore edge.

Μία ρωσική βιβλιοδεσία με ανάμικτα στοιχεία του παρελθόντος ξεκινά τον 17ο αιώνα, ακολουθούμενη από μία υφασμάτινη κεντητή βιβλιοδεσία. Το κύριο βάρος όμως δίνεται στις βιβλιοδεσίες με εμβλήματα και οικόσημα κεντρικών προσωπικοτήτων της εποχής. Όπως θα δούμε αυτού του είδους οι βιβλιοδεσίες κατέχουν εξέχουσα θέση στη Γεννάδειο συλλογή.

Ακολουθούν τρεις βιβλιοδεσίες χαρακτηριστικών ειδών του 17ου αιώνα. Η πρώτη είναι αντιπροσωπευτικό δείγμα από το εργαστήριο του Κλοβίς Ηβ. Ο Κλοβίς Ηβ, γιός του Νικολά ακολουθεί την παράδοση της οικογένειας βασιλικών βιβλιοδετών και γίνεται ο βιβλιοδέτης του Ερρίκου 4ου και του Λουδοβίκου 13ου. Το ύφος των Ηβ χαρακτηρίζεται από τα σπειροειδή γεωμετρικά σχέδια, τούς κλάδους δάφνης και φοίνικα. Από τις τρεις περιόδους των Ηβ, η περίοδος του Κλοβίς έχει την πιο πλούσια διακόσμηση. Αργότερα θα ονομαστεί «α λα φανφάρ». Η δεύτερη βιβλιοδεσία, «κλουαζονέ», αποτελεί δείγμα της τέχνης του σμάλτου σε μεταλλικά καλύμματα πλουμισμένων σχεδίων, που Έλληνες και Ιταλοί μαστόροι ανέπτυξαν ανάμεσα στον 11ο και 13ο αιώνα. Η τρίτη βιβλιοδεσία στο ύφος «ω πετίτ φέρ» χαρακτηρίζεται από την διακόσμησή της με εργαλεία μικροσκοπικών διακοσμητικών μοτίβων.

Όπως θα μπορούσε κανείς να παρατηρήσει κι από τις επί μέρους αναλύσεις στις περιγραφές των εκθεμάτων, ενώ τον 16ο αιώνα οι ευλύγιστες ράχες με το ράψιμο σε εξωτερική υποστήριξη διατηρούνται, στον 17ο αιώνα αυτό εγκαταλείπεται σταδιακά για την εφαρμοστή ράχη, που κατ' εξοχήν επιτρέπει με την λεία της επιφάνεια μία αρτιότερη εφαρμογή της χρυσής διακόσμησης. Τα κεφαλάρια δεν διαφοροποιούνται, παραμένουν απλά μονόχρωμα ή πολύχρωμα. Τα εσώφυλλα παίρνουν μία πιο σύνθετη μορφή, συνήθως δύο ραμμένων δίφυλλων. Διακοσμημένα φύλλα επενδύουν το εσωτερικό της βιβλιοδεσίας. Οι ακμές του βιβλίου είναι κυρίως επιχρυσωμένες σε αντίθεση με εκείνες του 16ου, που είναι βαμμένες ή απλές, συχνά με τον τίτλο του βιβλίου να καλλιγραφείται στην εμπρός.

29. BIBLE. Psalms. Old Slavonic: 12869 Psaltyr... 1642.

"...The psalms arranged for liturgical use, in the Slavonic language, Cyrillic character." Kiev, 1642.

Stamped binding of Russian origin. Ornamental interlaced work on sides and spine. In the center of the recto cover a large cartouche is tooled in blind. Board edges bear blind tooled lines, where beveling occurs. It has two brass clasps.

Sewn on two, double raised cords. End bands are single, sewn in two colors. Flexible spine. Wooden boards have shaped spine edges and outside beveled head, tail and fore edges. Book edges are tinted green. End papers consist of two plain folios, sewn through and tipped on one inside the other. The outer folio, tipped on book, functions as pastedown and flyleaf.

«...Οι ψαλμοί διαμορφωμένοι για λειτουργική χρήση, στην παλαιά Σλαβονική γλώσσα, με Κυριλλικούς χαρακτήρες.» Κίεβο, 1642.

Ρωσική βιβλιοδεσία. Φέρει καυτή διακόσμηση με εντυπωμένες σφραγίδες. Μπορντούρες, σε περιπλεγμένο σχέδιο κοσμούν τις πλευρές και την ράχη. Στό κέντρο της εμπρός πλευράς, με καυτό εντύπωμα, ένα κόσμημα. Στην κατωφέρεια των ακμών του καλύμματος γραμμές. Έχει δύο χάλκινα κλείστρα.

Ράψιμο σε δύο διπλούς, εξωτερικούς σπάγγους. Τα κεφαλάρια είναι απλά, πλεγμένα σε δύο χρώματα. Η ράχη είναι ευλύγιστη. Οι ξύλινες πλάκες είναι λεπτυσμένες εξωτερικά, στην ακμή της ράχης καμπυλωτά, ενώ στις επάνω, κάτω κι εμπρός ακμές με απότομο κατέβασμα. Οι ακμές του βιβλίου είναι χρωματισμένες με πράσινο. Τα εσώφυλλα αποτελούνται από δύο απλά δίφυλλα, ραμμένα και στερεωμένα με κόλλα, το ένα μέσα στο άλλο. Το εξωτερικό δίφυλλο στερεώνεται με κόλλα στο βιβλίο. Λειτουργεί σαν επένδυση στο εσωτερικό των πλακών και σαν ελεύθερο φύλλο.

30. ΤΗΣ ΚΑΙΝΗΣ ΔΙΑΘΗΚΗΣ ΑΠΑΝΤΑ
(Basileae, apud Io. Bebelium, 1531.).

Embroidered binding, covered in satin. Cover is embroidered with gold thread, forming a double panel, with the initials W on the recto and M on the verso cover.
Sewn on four thongs. Single-sewn end bands in two colors. It has a flexible and flat spine. Boards are beveled all around. Roughly gilt book edges. End papers consist of a plain folio, just tipped on and pasted down.

Κεντητή βιβλιοδεσία, με μεταξωτό κάλυμμα, κεντημένο με χρυσή κλωστή, που σχηματίζει τα μονογράμματα W, στην εμπρός πλευρά και M στην οπίσθια.
Ραμμένη σε τέσσερις δερμάτινες λωρίδες. Έχει δίχρωμα απλά κεφαλάρια.

Η ράχη της είναι ευλύγιστη και επίπεδη. Τα χαρτόνια της είναι ολόγυρα λε-
πτυσμένα με απότομο κατέβασμα. Οι ακμές του βιβλίου είναι αδρά επι-
χρυσωμένες. Τα εσώφυλλα αποτελούνται από ένα απλό δίφυλλο, στερεω-
μένο στο βιβλίο και εφαρμοσμένο ως επένδυση στο εσωτερικό των χαρτονιών.

31. SOPHOCLES. Σοφοκλέους. Αἱ ἑπτά τραγῳδίαι, Gr. et Lat. quibus accesserunt Joach. Camerarii necnon Henrici Stephani annotationes. Excud. Paulus Stephanus, 1603.

French binding covered in green morocco. The sides and spine are divided
into compartments. A central one, encloses large arms of the Bretel family.
Two smaller ones are above and below. They are all embellished with very
delicate filigree ornaments "aux petits fers".
Sewn on three recessed cords, it has broken end bands, dew to their fragile
rolled paper support. It has a tight and flat back, with very small shoulders.
Full thickness boards. Endpapers are not sewn and not tipped on the
book. They consist of a plain and a marbled folio, positioned one after the
other. The marbled folio is applied as a pastedown and doublure.

Γαλλική βιβλιοδεσία από πράσινο μαροκινό. Οι πλευρές και η ράχη χω-
ρίζονται σε τμήματα. Ένα κεντρικό, περικλείει το μεγάλο έμβλημα της οι-
κογένειας Μπρετέλ. Δύο μικρότερα ευρίσκονται επάνω και κάτω. Είναι δια-
κοσμημένα με τα πλέον λεπτά «φιλιγκρί» κοσμήματα, στο ύφος «ω πετίτ
φέρ».
Ραμμένη σε τρεις εσωτερικούς σπάγγους, φέρει σπασμένα κεφαλάρια,
εξ αιτίας της εύθραυστης τους στήριξης από στριφτό χαρτί. Η ράχη είναι
εφαρμοστή κι επίπεδη, με μικρούς ώμους. Τα χαρτόνια διατηρούν όλο τους
το πάχος. Οι ακμές του βιβλίου είναι επιχρυσωμένες. Τά εσώφυλλα είναι
άραφτα και αστερέωτα στο βιβλίο. Συνίστανται από ένα απλό δίφυλλο κι ένα
δίφυλλο μαρμαρόκολλας. Το δίφυλλο μαρμαρόκολλας εφαρμόζεται σαν
επένδυση στο εσωτερικό των χαρτονιών και σαν ελεύθερο φύλλο.

32. ISOCRATES. Ἰσοκράτους λόγοι καὶ ἐπιστολαί. Isocratis orationes et epistolae. Cum Latina interpretatione H. Wolfii. Parisiis, Sebast. Cramoisy, 1621.

French binding covered in brown calf, with the Arms of Henri II de
Bourbon, Prince de Condé, Duc d'Enghien. His Arms, crowned and
surrounded by the Collar of the order, are held up by an angel, on a
field semé with the initial H, alternately with fleur-de-lis. It has silk ties.
Sewn on three recessed cords, it has single end bands sewn in one color.
Spine is flexible and flat. Boards are of a full thickness. Book edges are
roughly gilt. End papers consist of a plain folio tipped on book and pasted
down.

Γαλλική βιβλιοδεσία, από καφέ δέρμα μόσχου, με το έμβλημα του Ερρίκου του 2ου, Πρίγκιπα του Κοντέ, Δούκα του Ενγκιέν. Το έμβλημά του, εστεμμένο και περιβαλλόμενο από το περιλαίμιο του κοινωνικού του βαθμού κρατιέται από έναν άγγελο ψηλά, σε ένα κόσμημα με το αρχικό Η εναλλασσόμενο με τον κρίνο. Έχει μεταξωτά δεσίματα.

Ραμμένη σε τρεις εσωτερικούς σπάγγους, έχει απλά και μονόχρωμα κεφαλάρια. Η ράχη είναι ευλύγιστη και επίπεδη. Τα χαρτόνια διατηρούν όλο τους το πάχος. Οι ακμές του βιβλίου είναι αδρά επιχρυσωμένες. Τα εσώφυλλα αποτελούνται από ένα απλό δίφυλλο στερεωμένο στο βιβλίο με κόλλα και επικολλημένο στο εσωτερικό των χαρτονιών σαν επένδυση.

33. CALLIMACHUS. Καλλιμάχου Κυρηναίου Ὕμνοι.
Callimachi Cyrenaei hymni.
Basiliae (Froben), 1532.

Contemporary Italian armorial binding fully covered in leather. The coat of arms belongs to Masco Barberini, Pope Urban VIII (1623). It is elaborately gold tooled on spine, sides and edges of cover, head and tail cups. It has silk ties cut off. Sewn on four recessed cords it has single-sewn end bands in one color. It has a flexible flat spine, which has been re-backed. Full thickness boards. Roughly tinted brown book edges. Its endpapers have been repaired. Original pastedowns and plain sheet next to the book are saved. New plain flyleaves extend to the boards and under the pastedowns. The old plain sheet is tipped on book and flyleaf is tipped on it.

Σύγχρονη Ιταλική βιβλιοδεσία με έμβλημα, όλο δέρμα. Το έμβλημα ανήκει στον Μάσκο Μπαρμπερίνι, Πάπα Ουρμπανό όγδοο (1623). Φέρει περίλαμπρη διακόσμηση στη ράχη, τις πλευρές και τις ακμές τού καλύμματος, την επάνω και κάτω καλύπτρα των κεφαλαριών. Έχει μεταξωτά δεσίματα αποκομμένα.

Ραμμένη σε τέσσερις εξωτερικούς σπάγγους έχει απλά, μονόχρωμα κεφαλάρια. Έχει ευλύγιστη, επίπεδη ράχη. Η ράχη εμφανίζεται συντηρημένη με αντικατάσταση του δέρματος. Τα χαρτόνια έχουν όλο τους το πάχος. Οι ακμές του βιβλίου είναι αδρά βαμμένες καφέ. Τα εσώφυλλα έχουν επιδιορθωθεί. Έχει διασωθεί η αυθεντική επένδυση στο εσωτερικό των χαρτονιών, καθώς και το φύλλο που εφάπτεται στο βιβλίο. Καινούργια ελεύθερα φύλλα εκτείνονται προς τα χαρτόνια και κάτω από την επένδυση, στο εσωτερικό τους. Το αυθεντικό απλό φύλλο, στερεώνεται με κόλλα πάνω στο βιβλίο και το ελεύθερο φύλλο πάνω σ'αυτό.

34. EPIPHANIOS. Sancti patris Epiphanii episcopi Cypri ad Diodorum Tyri Episcopum de XII gemmis... Iola Hierotarantino Interprete: cum corollario Conrandi Gesneri.
Tiguri, 1565.

Italian originated binding, with arms of Cardinal Giovanni-Battista Pamfili, afterwards Pope Innocent X, on sides. Elaborate decoration on spine, sides and cover edges. It has been re-backed.

Sewn on three recessed cords, with single sewn end bands in one color, it has a tight and rounded spine. Boards have slightly shaped spine edges. Roughly gilt book edges. Endpapers consist of two plain folios, one inside the other, sewn through, which enclose a marbled folio, functioning as a pastedown and flyleaf.

Ιταλική βιβλιοδεσία, με το έμβλημα του Καρδινάλιου Τζιοβάνι Μπατίστα Πάμφιλου, κατοπινού Πάπα Ιννοκέντιου 10ου. Φέρει περίλαμπρη διακόσμηση στη ράχη, τις πλευρές και τις ακμές του καλύμματος.

Η ράχη του καλύμματος έχει επισκευαστεί με αντικατάσταση του δέρματος. Ραμμένη σε τρεις εσωτερικούς σπάγγους, με απλά, μονόχρωμα κεφαλάρια, έχει εφαρμοστή και στρογγυλεμένη ράχη. Τα χαρτόνια είναι ελαφρά λεπτυσμένα στις ακμές της ράχης. Αδρό χρύσωμα των ακμών του βιβλίου. Τα εσώφυλλα συνίστανται από δύο απλά δίφυλλα, το ένα μέσα στο άλλο, ραμμένα. Αυτά περικλείουν ένα δίφυλλο μαρμαρόκολλας, που λειτουργεί σαν επένδυση στο εσωτερικό των χαρτονιών και σαν ελεύθερο φύλλο.

35. APOLONIUS Rhodius. Argonauticorum libri IV, ab Jeremia Hoelzlino in Latinum conversi.
Lugd. Batavorum, ex officina Elzeviriana, 1641.

French binding covered in brown calf. It bears arms of Cardinal Jules Mazarin on sides. Within a richly gilt triple panel, the field semé with interlaced initials under a cardinal's hat. Gold tooling on cover edges. Lettering in gold on the spine.

Sewn on four recessed cords it has single end bands sewn in two colors, a flexible and flat spine and full thickness boards. Book edges are roughly gilt. End papers are the original. They consist of a plain folio folded around the first gathering and sewn through with it.

Γαλλική βιβλιοδεσία από καφέ δέρμα μόσχου. Φέρει το έμβλημα του Καρδινάλιου Ζυλ Μαζαρέν στις πλευρές της. Μέσα σε ένα τμήμα διαιρεμένο σε τρία μέρη, με πλούσια χρυσή διακόσμηση, το χαρακτηριστικό του εμβλήματος με τα περιπλεκόμενα αρχικά κάτω από το καπέλο ενός καρδιναλίου. Οι ακμές του καλύμματος φέρουν χρυσή διακόσμηση. Ο τίτλος είναι εντυπωμένος στη ράχη με χρυσό.

Ραμμένη σε τέσσερις εσωτερικούς σπάγγους έχει απλά κεφαλάρια πλεγμένα με δύο χρώματα, ράχη ευλύγιστη κι επίπεδη και χαρτόνια σε όλο τους το πάχος. Οι ακμές του βιβλίου είναι αδρά χρυσωμένες. Τα εσώφυλλα είναι τα αυθεντικά. Αποτελούνται από ένα απλό δίφυλλο που αναδιπλώνεται γύρω από το πρώτο τετράδιο του βιβλίου και ράβεται μαζί με αυτό.

36. HIERONIMO GIUSTINIANI. La description et l'histoire de l'isle de Skios, ou, Chios par Ierosme Iustinian, Paris, 1506.

Only a few copies were printed for circulation among the family members and their friends.

A French originated, Bourbonesque binding, richly tooled in gold, example of the workshop of Clovis Eve. Dentelle borders on sides and bay leaf branches decorate the spine. Gold tooling expands on cover edges and turn ins. Bound for Isabelle Justiniani and her husband Chevalier de la Besne. The Justiniani arms are stamped five times on recto cover and one on the verso. The book has been repaired and the binding has been re-backed at Zaehnsdorf's, on March 1889, as it is stated.

Sewn on four recessed cords. Single sewn end bands in two colors. Tight, slightly rounded spine, with small shoulders. Full thickness boards. Roughly gilt edges. End papers consist of three plain folios. The two of them are sewn through, one inside the other and they enclose the third one, tipped on their center, which functions as pastedown and flyleaf.

Έκδοση σε λίγα μόνο αντίτυπα, για να κυκλοφορήσει ανάμεσα στα μέλη της οικογένειας και τούς φίλους τους.

Γαλλική βιβλιοδεσία, Μπουρμπονέσκ, με πλούσια χρυσή διακόσμηση, δείγμα του εργαστηρίου του Κλοβίς Ηβ. Δαντελωτές μπορντούρες στις πλευρές και κλαδιά με φυλλώματα δάφνης κοσμούν την ράχη. Η χρυσή διακόσμηση εκτείνεται στις ακμές του καλύμματος και τα γυρίσματα του δέρματος. Η βιβλιοδεσία έγινε για την Ισαβέλλα Ιουστινιάνι και τον σύζυγό της. Το έμβλημα των Ιουστινιάνι είναι εντυπωμένο πέντε φορές στην εμπρός πλευρά και μία στην οπίσθια. Καθώς ορίζεται, το βιβλίο έχει συντηρηθεί και η ράχη της βιβλιοδεσίας επίσης με αντικατάσταση του δέρματος, από τούς Ζένζντορφς, τον Μάρτιο του 1889.

Ράψιμο σε πέντε εσωτερικούς σπάγγους. Απλά, δίχρωμα κεφαλάρια. Ράχη εφαρμοστή, ελαφρά στρογγυλεμένη, με μικρό ώμο. Χαρτόνια σε όλο τους το πάχος. Αδρή χρυσή διακόσμηση των ακμών του βιβλίου. Εσώφυλλα αποτελούμενα από τρία απλά δίφυλλα. Τα δύο ραμμένα το ένα μέσα στο άλλο περικλείουν το τρίτο, που στερεώνεται με κόλλα στο κέντρο τους. Αυτό λειτουργεί σαν επένδυση στο εσωτερικό των χαρτονιών και σαν ελεύθερο φύλλο.

37. Formulaire de Prières journalières, avec la manière de se confesser et communier... A Anvers, chez Cornille Woons, 1662.

Metal cloisonné binding. Its cover bears enameling of an elaborate design, in orange, dark and light blue, with clasps to match. Spine is movable.

Sewn on two recessed cords, it has paper made end bands, a rounded spine and gilt book edges. Boards are of a full thickness. Endpapers are not the same. The front are not sewn and consist of a plain folio, next to the book, and a silk patterned folio adhered on it. The back consists of two plain folios sewn through, which enclose the silk patterned folio. The silk patterned folios function as pastedowns and flyleaves.

Βιβλιοδεσία «κλουαζονέ» από μέταλλο. Το κάλυμμά της φέρει επισμαλτωμένο περίλαμπρο σχέδιο, σε βαθύ και ανοικτό μπλε και πορτοκαλί, με συνταιριαστά κλείστρα. Η ράχη του είναι κινητή.

Ράψιμο σε δύο εσωτερικούς σπάγγους, με κεφαλάρια από χαρτί, εφαρμοστή, στρογγυλεμένη ράχη και επιχρυσωμένες ακμές του βιβλίου. Τα χαρτόνια της είναι σε όλο τους το πάχος. Τα εσώφυλλα διαφέρουν μεταξύ τους. Τα εμπρός συνίσταται από ένα απλό δίφυλλο, κοντά στο βιβλίο και ένα μεταξωτής υφής επικολλημένο στο απλό, που αποτελεί την επένδυση στο εσωτερικό των χαρτονιών και το ελεύθερο φύλλο. Μοιάζει να έχει συντηρηθεί χωρίς νά έχει αποκατασταθεί η αρχική του μορφή. Τα οπίσθια εσώφυλλα αποτελούνται από δύο δίφυλλα ραμμένα, που περικλείουν το δίφυλλο με την μεταξωτή υφή.

38. BELLARMINO, Roberto, cardinal. Dottrina Christiana...
In Roma, Sacr. Congr. de Propag. Fide, 1664.

French binding by Antoine Vouette, fully covered in red morocco. Covering leather is grained down smooth and bears an interlaced design in black, the spaces filled with delicate filigree "aux petits fers". Gold tooling spreads on cover edges, head and tail caps and turn ins.

Sewn on five semi-recessed cords. Single sewn end bands in one color. As inner joints appear with signs of repairs, some sort of influence might have occurred to the flexibility of the spine. It is a tight, rounded and slightly backed spine, but its style, as well as the sewing method do not justify such stiffness in opening. Full thickness boards. Book edges are roughly gilt. End papers are not sewn and they consist of one plain folio and a second, marbled one, positioned inside the plain. The marbled folio is applied as pastedown and flyleaf.

Γαλλική βιβλιοδεσία του Αντουάν Βουέτ, όλο κόκκινο μαροκινό. Ο πόρος στο δέρμα του καλύμματος έχει λειανθεί και φέρει διακόσμηση σε μαύρο με διαστήματα γεμάτα με λεπτά κοσμήματα «ο πετίτ φέρ». Η χρυσή διακόσμηση απλώνεται στις ακμές του καλύμματος, τις καλύπτρες των κεφαλαριών και τα γυρίσματα του δέρματος.

Ραμμένη σε πέντε κατά το ήμισυ εσωτερικούς σπάγγους, έχει απλά μονόχρωμα κεφαλάρια. Καθώς η εσωτερική ένωση φέρει σημάδια επισκευής, μπορεί κάποιου είδους επίδραση νά ασκήθηκε στην ευλυγισία της ράχης. Η ράχη είναι εφαρμοστή, στρογγυλεμένη με μικρούς ώμους, αλλά τόσο το είδος της όσο και η μέθοδος ραψίματος δεν δικαιολογούν τόσο σφιχτό άνοιγμα. Τα χαρτόνια είναι σε όλο τους το πάχος. Οι ακμές του βιβλίου είναι αδρά επιχρυσωμένες. Τα εσώφυλλα, άραφτα, συνίστανται από ένα δίφυλλο απλό και μέσα του ένα δεύτερο από μαρμαρόκολλα. Το δίφυλλο μαρμαρόκολλας εφαρμόζεται ως επένδυση στο εσωτερικό των χαρτονιών και ως ελεύθερο φύλλο.

18th CENTURY
18ος ΑΙΩΝΑΣ

18th Century starts with three monastic bindings. Two Greek and one Russian. The Russian binding clearly seems to use the traditional materials and techniques of its kind. The Greek bindings have different end bands, bonding method and spine development, a result of the need to simplify binding methods in order to facilitate increased production, as already noted for the 16th Century.

The Limp bindings that follow consist of a paper cover decorated in the paste papers technique. The second of the two bindings has an interesting cover made of two papers of different quality.

An English binding with dentelle borders, an "à la grecque" binding and three armorial bindings come next. The "à la grecque" shows differentiations, for the same reasons as the Greek monastic bindings mentioned above do.

The next binding, by the famous binder Bozérian, has been selected for its mottled calf cover, type of decoration applied on calf with dabs or flecks of ferrous sulphate. A silversmith's binding is next, followed by an embroidered silk binding.

The two Islamic bindings that follow are of major importance, as their traditional covers are decorated in exceptional traditional techniques. Nº 53 bears techniques as old as 13th Century, whereas Nº 52 shows an influence by the "aux petits fers" style of decoration.

The century closes with an Italian binding, selected for its cover. It is made by an unusual combination of vellum and alum-tawed pigskin, two kinds of leather with a similar tanning procedure, but different qualities and different ways of use. In this case the binder skillfully combined them to create an undoubtedly durable and beautiful cover.

Ο 18ος αιώνας ξεκινά με τρεις μοναστηριακές βιβλιοδεσίες. Δύο ελληνικές και μία ρωσική. Η ρωσική μοιάζει να είναι αυτή που σίγουρα χρησιμοποιεί τεχνικές και υλικά προηγούμενων αιώνων. Οι Ελληνικές φέρουν διαφοροποιήσεις, ως προς τα κεφαλάρια την συνδεσμολογία και την διαμόρφωση της ράχης. Αυτό συμβαίνει στο πλαίσιο απλοποίησης των τεχνικών, μέσα από την συνολικότερη αναγκαιότητα, για μαζικότερη παραγωγή, όπως έχουμε ήδη αναφέρει στον 16ο αιώνα.

Οι Λίμπ βιβλιοδεσίες που ακολουθούν έχουν χάρτινο κάλυμμα διακοσμημένο με την τεχνική της κόλλας. Η δεύτερη έχει την ιδιομορφία, το κάλυμμά της νά διαμορφώνεται από δύο διαφορετικές ποιότητες χαρτιών.

Η επόμενη βιβλιοδεσία είναι μια αγγλική με δαντελωτές μπορντούρες», ενώ ακολουθούν μία «α λα γκρέκ» και τρεις με εμβλήματα σημαντικών προσώπων του αιώνα. Η «α λα γκρέκ»,για τούς ίδιους λόγους, όπως και οι ελληνικές μοναστηριακές που προαναφέραμε, εμφανίζει αντίστοιχες διαφοροποιήσεις.

Από τις επόμενες βιβλιοδεσίες εκείνη του Μποζεριάν, περιώνυμου Γάλλου βιβλιοδέτη, επιλέχθηκε για την τεχνική διακόσμησης του δερμάτινου καλύμματός της με στίγματα θειικού σιδήρου. Ακολουθεί μία δερμάτινη αργυροχρυσοχοΐκή βιβλιοδεσία και μία μεταξωτή με κέντημα.

Πολύ σημαντικές ωστόσο είναι οι επόμενες δύο Ισλαμικές βιβλιοδεσίες από την Περσία. Και οι δύο είναι διακοσμημένες με εξαιρετικές τεχνικές, ενώ η κατασκευή τους ακολουθεί σε όλη τους την λεπτομέρεια την παλαιότερη παράδοση. Η Νο 53 διατηρεί την ατμόσφαιρα παλαιότερων βιβλιοδεσιών ως τον 13ο αιώνα. Η Νο 52 ανήκει σ'αυτές τις βιβλιοδεσίες, που ενώ η τεχνική διακόσμησής τους βασίζεται στην Ισλαμική παράδοση, τα μοτίβα της είναι επηρεασμένα από τις ευρωπαϊκές «ω πετίτ φέρ».

Ο αιώνας κλείνει με μία ιδιόμορφη ιταλική βιβλιοδεσία, χάρη στο κά-
λυμμά της, που διαμορφώνεται με έναν ασυνήθιστο συνδυασμό περγαμηνής
και δέρματος χοίρου, κατεργασμένου με άλατα αλουμινίου. Πρόκειται για
δύο είδη δερμάτων, κοινού τρόπου επεξεργασίας, διαφορετικής ποιότητας
και διαφορετικής μεθόδου αξιοποίησης, που στην συγκεκριμένη περίπτωση
ο βιβλιοδέτης περίτεχνα συνδύασε σε ένα αναμφισβήτητα γερό και όμορ-
φο κάλυμμα.

**39. (Begins) Τοῦ αὐτοῦ (ΓΡΗΓΟΡΙΟΥ) Ἐπιτάφιος εἰς Βασίλειον τόν Μέγαν ἐπί-
σκοπον
Καισαρείας Καππαδοκίας...
Ἀρχή τῶν θεμάτων... παρά τοῦ διδασκάλου Ἀντωνίου ἐν ἔτει σωτηρίῳ αψη (1708).**

*"Early XVIII century MS on 191+7 stout paper leaves. The text is in a large clear hand, the
footnotes and grammatical exercises are in a fine minuscule writing."*

Greek, monastic binding fully covered in calf, with two clasps. It bears stamped
decoration, with representations of the Crucifixion on the recto cover and, the Virgin
and Child on the verso.

The kind of sewing is not definable. The fact of a stiff opening drives into the
conclusion of a spine, with grooves sawn across. It is not clear, though, if what is inserted
in the grooves is sewing on or not on supports. The possibility of sewing on supports
(cords) is enhanced by the kind of the end bands. They are sewn on linen, before their
attachment on the spine, the sort of practice we usually come across in certain German
structures of this period, combined with sewing on recessed cords. They keep, however,
the functionality and the appearance of the Greek style of end bands, as they extend
to the boards, contributing to a stout bonding of the book block with the boards at that
area. The spine is rounded. The oak boards have in and out shaped spine edges and
the other edges beveled inside. Book edges are tinted. End papers are not the original.
The front end papers consist of a plain folio tipped on book. The back has just a sheet
that functions as a pastedown.

«*Πρώιμη συλλογή ελληνικών κειμένων του 18ου αιώνα, σε 191+7 φύλλα από ανθε-
κτικό χαρτί. Το κείμενο με μεγάλους, καθαρούς, χειρόγραφους χαρακτήρες, οι υποση-
μειώσεις και οι γραμματικές ασκήσεις σε εξαιρετική, μικροσκοπική γραφή.*»

Ελληνική μοναστηριακή βιβλιοδεσία, από δέρμα μόσχου, με δύο κλείστρα. Έχει
καυτή διακόσμηση με σφραγίδες, στην εμπρός πλευρά του καλύμματος την Σταύρω-
ση και στην οπίσθια την Παρθένο και το Βρέφος.

Δεν είναι εφικτή η σίγουρη αναγνώριση του τρόπου ραψίματος. Το γεγονός, ότι το
άνοιγμα τής κατασκευής είναι εξαιρετικά σφικτό και περιορισμένο, μας οδηγεί στην
εκδοχή της αυλάκωσης των τετραδίων. Δεν είναι σαφές, ωστόσο, αν στις αυλακώσεις

κρύβεται ράψιμο, με ή χωρίς στήριξη. Η πιθανότητα στήριξης (σπάγγοι) ενισχύεται από το είδος των κεφαλαριών. Είναι πλεγμένα σε λινό, πριν την εφαρμογή τους στην ράχη, μία πρακτική, που εμφανίζεται σε γερμανικές κατασκευές της εποχής, συνδυασμένη με ράψιμο σε εσωτερικούς σπάγγους. Κρατάνε, πάντως την λειτουργικότητα και την επιφανειακή μορφή των ελληνικών κεφαλαριών, καθώς επεκτείνονται στις πλάκες, συμβάλλοντας επαρκώς στην επίτευξη μιας στέρεης συνδεσμολογίας σ' αυτά τα σημεία. Η ράχη είναι απλά στρογγυλεμένη. Οι δρύινες πλάκες είναι εσωτερικά λεπτυσμένες. Οι ακμές του βιβλίου είναι βαμμένες. Τα εσώφυλλα δεν είναι τα αυθεντικά. Το εμπρός αποτελείται από ένα απλό δίφυλλο στερεωμένο στο βιβλίο με κόλλα. Το οπίσθιο διατηρεί μόνο την επένδυση στο εσωτερικό των πλακών.

40. The NEW TESTAMENT, in Slavonic.

"Printed by order of the Empress Elizabeth Petrovna. Title page within woodcut borders, with head and tail pieces, and initials in red; woodcut portraits of the Apostles at the beginning of the Gospels and the Epistles. Kiev, at the Lavra Monastery, 1753".

Russian monastic binding, covered in vellum, with two clasps on fore edges. Richly gilt panels and angle fan-shaped ornaments with a representation of the Resurrection on the recto and the Assumption of the Virgin on the verso cover.

Sewn on four raised cords. It has end bands pre-sewn on linen. Linen extends on boards, functioning in the traditional Byzantine bonding style. The spine is rounded and flexible, with small shoulders. Oak boards have inside beveled head, tail and fore edges. The end papers consist of a plain folio, tipped on and applied as a pastedown and flyleaf.

«Εκτυπώθηκε με εντολή της αυτοκράτειρας Ελισάβετ Πετρόβνας. Η σελίδα του τίτλου περικλείεται σε μπορντούρα ξυλογραφίας. Το κείμενο βρίσκεται μέσα σε γραμμές, με τα επάνω και κάτω τμήματα, καθώς και τα αρχικά, σε κόκκινο μελάνι. Ξυλογραφίες των Αποστόλων βρίσκονται στην αρχή των Ευαγγελίων και των επιστολών. Κίεβο, Μοναστήρι της Λάβρας, 1753».

Ρωσική, μοναστηριακή βιβλιοδεσία, από περγαμηνή, με δύο κλείστρα στις εμπρός ακμές. Πλούσια χρυσή διακόσμηση στις πλευρές με πλαίσια και γωνίες σε σχήμα ελικοειδές. Με αναπαράσταση της Σταύρωσης στην εμπρός και της ανάληψης της Παρθένου στην οπίσθια πλευρά.

Ραμμένη σε τέσσερις εξωτερικούς σπάγγους. Έχει κεφαλάρια προκατασκευασμένα, πλεγμένα σε λινό με δύο χρώματα. Το λινό εκτείνεται στις πλάκες, επιτελώντας έτσι την παραδοσιακή βυζαντινή σύνδεση. Η ράχη είναι ευλύγιστη, στρογγυλεμένη με μικρό σχετικά ώμο. Οι δρύινες πλάκες είναι λεπτυσμένες εσωτερικά με απότομο κατέβασμα στις επάνω, κάτω κι εμπρός ακμές. Το εσώφυλλο συνιστά ένα απλό δίφυλλο στερεωμένο στο βιβλίο και εφαρμοσμένο σαν επένδυση στο εσωτερικό των πλακών και σαν ελεύθερο φύλλο.

41. ΘΕΟΦΥΛΑΚΤΟΥ. Θεοφυλάκτου ἀρχιεπισκόπου Βουλγαρίας Ἑρμηνεία εἰς τά τέσσερα ἱερά Εὐαγγέλια, μεταγλωττισθεῖσα εἰς ἁπλήν φράσιν παρά τινός σοφοῦ καί πεπαιδευμένου ἀνδρός ἀνωνύμου. Ἐνετίησιν, παρά Ἀντωνίῳ τῳ Βόρτολι, 1788.

Monastic binding, covered in maroon calf. It bears silver and gold decoration. Sewn on five recessed cords, it has cloth made end bands, a hollow back slightly rounded and backed. Full thickness boards. Book edges are sprinkled blue. End papers consist of two folios, one tipped on inside the other, not sewn through. The outer, tipped on book, is plain. The inner is a marbled folio, applied as a pastedown and flyleaf.

Μοναστηριακή βιβλιοδεσία, από καφέ δέρμα μόσχου. Φέρει διακόσμηση με χρυσό και ασήμι.

Ραμμένη σε πέντε εσωτερικούς σπάγγους, έχει υφασμάτινα κεφαλάρια, κουφωτή ράχη, στρογγυλεμένη και σφυρισμένη. Τα χαρτόνια της είναι σε όλο τους το πάχος. Οι ακμές του βιβλίου είναι διάστικτες με σταγόνες μπλε χρώματος. Τα εσώφυλλα αποτελούνται από δύο δίφυλλα, το ένα στερεωμένο με κόλλα μέσα στο άλλο, άραφτα. Το εξωτερικό είναι απλό και στερεώνεται με κόλλα στο βιβλίο. Το εξωτερικό μέσα είναι μαρμαρόκολλα, που εφαρμόζεται σαν επένδυση στο εσωτερικό των χαρτονιών και σαν ελεύθερο φύλλο.

42. EURIPIDES. Ecuba tragedia de Euripide. Tradotta dal Greco nell' Italiana favella da D. Antonio Stratico Cretense... In Padova, per il Penada, 1733.

Limp paper binding. Cover decoration with paste papers technique. Sewn on three alum-tawed pigskin tapes, laced through the cover, without end bands. Sprinkled book edges. End papers consist of a plain folio folded around the first and last gatherings, sewn through together.

Βιβλιοδεσία Λίμπ, από χαρτί με διακόσμηση κόλλας.

Ραμμένη σε τρεις ταινίες, από δέρμα χοίρου κατεργασμένο με άλατα αλουμινίου, που διαπερνούν το κάλυμμα. Δεν έχει κεφαλάρια. Οι ακμές του βιβλίου έχουν διάστικτη διακόσμηση. Τα εσώφυλλά της αποτελούνται από ένα δίφυλλο αναδιπλωμένο γύρω από το πρώτο και το τελευταίο τετράδιο του βιβλίου, που ράβονται μαζί.

43. OTTAVIO BOCCHI, Osservazioni sopra un antico teatro scoperto in Adria... In Venezia, 1739.

Italian, limp, paper binding. The cover is made of two paper sheets. One thick, the inner, and another extra thin, the outer decorated in the paste papers technique.

Sewn on three alum-tawed pigskin tapes, without end bands it has deckle book edges. End papers consist of a plain folio, folding around the first and last gatherings of the book and it is sewn through with them.

Ιταλική βιβλιοδεσία Λίμπ από χαρτί. Το κάλυμμά της είναι φτιαγμένο από δύο φύλλα χαρτιού. Ένα σκληρό, το εσωτερικό και ένα άλλο πολύ λεπτό, το εξωτερικό, διακοσμημένο με την τεχνική της κόλλας.

Ραμμένη σε τρεις ταινίες από χοιρόδερμα κατεργασμένο με άλατα αλουμινίου. Δεν έχει κεφαλάρια. Οι ακμές του βιβλίου διατηρούν τις τραχιές άκρες του χειροποίητου χαρτιού. Τα εσώφυλλα συνίστανται από ένα δίφυλλο, που αναδιπλώνεται γύρω από το πρώτο και το τελευταίο τετράδιο και ράβεται μαζί τους.

44. EPHRAIM SYRUS. (Selecta, 1709 ed.)
Τά τοῦ ὁσίου πατρός Ἐφραίμ τοῦ Σύρου πρός τήν Ἑλλάδα μεταβληθέντα.
S. Ephraim Syrus, Graece. Ἐτυπώθη ἐν Ὀξονίᾳ, 1709.

English binding, covered in green morocco. Sides are gold tooled with dentelle borders. Spine is elaborately tooled in gold, without lettering. Gold tooling spreads also on cover edges and turn ins.

It is sewn on five recessed cords. The spine has a stiff opening function. End bands are single-sewn in two colors and they are not tied down to the gatherings. As the binding has repair signs on head and tail caps, it could be that damaged end bands were not properly repaired. They were just glued back to the spine. In addition, a stiff opening function could be the result of a partly broken, original sewing being mended, by stitching from the spine.

It has a tight back, rounded and backed. Full thickness boards. Roughly gilt book edges. The end papers consist of a plain folio, tipped on book, sewn through and enclosing a marbled folio, applied as a pastedown and flyleaf.

Αγγλική βιβλιοδεσία από πράσινο μαροκινό. Φέρει χρυσή διακόσμηση, με πλατιές μπορντούρες δαντέλας στις πλευρές. Η ράχη είναι περίλαμπρης διακόσμησης, χωρίς τίτλο. Χρυσή διακόσμηση φέρουν επίσης οι ακμές του καλύμματος και τα γυρίσματα του δέρματος.

Ραμμένη σε πέντε εσωτερικούς σπάγγους, έχει σφικτό άνοιγμα. Τα κεφαλάρια είναι απλά δίχρωμα και δεν έχουν στερεώματα στα τετράδια. Καθώς η βιβλιοδεσία έχει σημάδια επισκευής στις καλύπτρες των κεφαλαριών, θα μπορούσε, τα κατεστραμμένα κεφαλάρια νά μην έχουν αποκατασταθεί κανονικά, αλλά νά έχουν απλά κολληθεί πίσω στην ράχη. Ακόμα, το σφικτό άνοιγμα μπορεί νά είναι αποτέλεσμα της αποκατάστασης, του κατά τόπους σπασμένου ραψίματος, με βελονιές από την ράχη.

Η ράχη είναι εφαρμοστή, στρογγυλεμένη και σφυρισμένη. Τα χαρτόνια είναι σε όλο τους το πάχος. Οι ακμές του βιβλίου είναι αδρά επιχρυσωμένες.

Το εσώφυλλο συνίσταται από ένα απλό δίφυλλο, στερεωμένο στο βιβλίο με κόλλα, ραμμένο. Μέσα του στερεώνεται ένα δίφυλλο μαρμαρόκολλας, που συνιστά την επένδυση στο εσωτερικό των χαρτονιών και το ελεύθερο φύλλο.

45. Θεῖον καί ἱερόν Εὐαγγέλιον. Νεωστί μετατυπωθέν... παρά Γεωργίου Κωνσταντίνου τοῦ ἐξ Ἰωαννίνων. Ἐνετίῃσι, 1760.

Binding «à la grecque». It bears stamped decoration and blind tooling, which is also applied on turn ins. Two clasps on fore edges are missing.

Sewn on five raised cords. Its spine is rounded and flexible. End bands are sewn on cloth, rolled around cord. They extend to the boards, part of which is cut off, so that the extension is inserted. Boards have inside beveled head, tail and fore edges. The book shows paper repairs. Book deckle edges are trimmed off. End papers are missing. Only pastedowns are saved and are of plain paper.

Βιβλιοδεσία «α λα γκρέκ». Φέρει καυτή διακόσμηση και με σφραγίδες, που εκτείνεται στα γυρίσματα του δέρματος. Δύο κλείστρα στις εμπρός ακμές λείπουν.

Ράψιμο σε πέντε εξωτερικούς σπάγγους. Η ράχη είναι στρογγυλεμένη κι ευλύγιστη. Τα κεφαλάρια είναι πλεγμένα σε ύφασμα, αναδιπλωμένο γύρω από σπάγγο. Εκτείνονται στα χαρτόνια, από τα οποία έχει αφαιρεθεί μέρος, για να απορροφηθεί αυτή η επέκταση. Τα χαρτόνια είναι λεπτυσμένα εσωτερικά στις επάνω, κάτω κι εμπρός ακμές με απότομο κατέβασμα. Εμφανής συντήρηση του σώματος του βιβλίου. Οι ακμές του έχουν κομμένες τις τραχιές άκρες του χειροποίητου χαρτιού. Τα εσώφυλλα λείπουν. Μόνο οι επενδύσεις στο εσωτερικό των χαρτονιών έχουν σωθεί και είναι από απλό χαρτί.

46. EPIPHANIOS, of Constantinople. Epiphanii monachi et presbyteri De vita sanctissimae Deiparae liber... Romae apund Benedictum Francesium, 1774.

Italian binding fully covered in leather, with 2nd arms of Pope Pius VI (1775). Richly tooled in gold on spine, sides and cover edges.

Sewn on five alum-tawed pigskin tapes. Silk, single-sewn end bands in one color. Flexible spine. Boards have shaped spine edges. Roughly gilt edges. Endpapers consist of two plain folios, sewn through, one inside the other. They enclose a decorated folio, tipped on their center and functioning as pastedown and flyleaf.

Ιταλική βιβλιοδεσία, όλο δέρμα, με το 2ο έμβλημα του Πάπα Πίου 6ου (1775). Πλούσια χρυσή διακόσμηση στη ράχη, τις πλευρές και τις ακμές του καλύμματος.

Ράψιμο σε πέντε λωρίδες από χοιρόδερμα κατεργασμένο με άλατα αλουμινίου. Απλά, μονόχρωμα κεφαλάρια. Ευλύγιστη ράχη. Χαρτόνια λεπτυσμένα στις ακμές της ράχης. Αδρά επιχρυσωμένες ακμές του βιβλίου. Τα εσώφυλλα συνίστανται από δύο απλά δίφυλλα, ραμμένα το ένα μέσα στο άλλο. Αυτά περιβάλλουν ένα διακοσμημένο δίφυλλο, στερεωμένο με κόλλα στο κέντρο τους, που λειτουργεί σαν επένδυση στο εσωτερικό των χαρτονιών και σαν ελεύθερο φύλλο.

47. IUGLERUS, Iohanes Fridericus.
...᾿Ανδραποδοκαπηλεῖον, sive De nundinatione servorum apud veteres... Lipsiae, apud Io. Georg. Loweium, 1741.

German binding covered in red morocco. It bears the arms of Pope Clement XIII, 1758-1769.

Sewn on four narrow alum-tawed pigskin tapes, its end bands are sewn on mull. Spine is flexible and rounded. Full thickness boards. Book edges are roughly gilt. Endpapers have the original pastedown of a decorated paper. New flyleaf has been inserted under the pastedowns and it is tipped on book.

Γερμανική βιβλιοδεσία, από κόκκινο μαροκινό. Φέρει το έμβλημα του Πάπα Κλήμεντα 13ου, (1758-1769).

Ραμμένη σε τέσσερις λεπτές ταινίες από χοιρόδερμα κατεργασμένο με άλατα αλουμινίου. Τα κεφαλάρια της είναι ραμμένα σε ύφασμα. Η ράχη είναι ευλύγιστη και στρογγυλεμένη. Τα χαρτόνια είναι σε όλο τους το πάχος. Οι ακμές του βιβλίου είναι επιχρυσωμένες. Τα εσώφυλλα διατηρούν την αυθεντική επένδυση στο εσωτερικό των χαρτονιών. Τα ελεύθερα φύλλα είναι καινούργια, στερεώνονται στο βιβλίο με κόλλα κι εκτείνονται προς τά χαρτόνια κάτω από την επένδυσή τους.

48. AELIAN, Aelianus (CL.). Histoire Diverse d'Elien, traduites du Grec, avec des remarques. Paris, chez Moutard, 1772.

«The first edition of the first French translation of this celebrated collection of Apothegms, Bon Mots, Anecdots and particulars and peculiarities of ancient life».

Fully covered in mottled calf French binding. It bears gold decoration with the Arms of Marie Josephine Louise De Savoie, on both sides. Cover edges and turn ins are also gold tooled.

Sewn on five raised cords. Its end bands are single-sewn in one color. Spine is flexible, rounded with small shoulders. Boards are in their full thickness. Book edges are roughly gilt. End papers consist of a plain and a marbled folio, sewn through one inside the other. Marbled folio functions as pastedown and flyleaf.

«Η πρώτη έκδοση της πρώτης γαλλικής μετάφρασης αυτής της περίφημη συλλογής αποφθεγμάτων, παροιμιών, ανεκδότων, ιδιαιτεροτήτων και παραδόξων της αρχαίας ζωής».

Βιβλιοδεσία όλο μοσχάρι, διακοσμημένο με στίγματα. Φέρει χρυσή διακόσμηση στις πλευρές, με το οικόσημο της Μαρίας Ζοζεφίνας Λουίζας της Σαβοΐας, καθώς και στις ακμές του καλύμματος και τα γυρίσματα του δέρματος.

Ραμμένη σε πέντε εξωτερικούς σπάγγους. Τα κεφαλάρια της είναι απλά και μονόχρωμα. Η ράχη είναι ευλύγιστη και στρογγυλεμένη, με μικρούς ώμους. Τα χαρτόνια διατηρούν όλο τους το πάχος. Οι ακμές του βιβλίου είναι αδρά επιχρυσωμένες. Τα εσώφυλλα αποτελούνται από ένα απλό δίφυλλο κι ένα δίφυλλο μαρμαρόκολλας, ραμμένα το ένα μέσα στο άλλο. Το δίφυλλο μαρμαρόκολλας λειτουργεί σαν επένδυση στο εσωτερικό των χαρτονιών και σαν ελεύθερο φύλλο.

49. THEOPHRASTUS. Traité Des pierres par Théophraste. Traduction de l᾽ anglais de Hill.
A Paris, 1754.

Mottled calf binding by Bozérian, gold tooled on spine, sides and turn ins, blind tooled on head and tail caps and cover edges.

Sewn on four recessed cords. Its end bands are single-sewn in two colors. It has a tight back, slightly rounded with small shoulders. Boards are of a full thickness. Book edges are sprinkled. End papers consist of two plain folios sewn through one inside the other and a marbled folio inside them, functioning as pastedown and flyleaf.

Βιβλιοδεσία του Μποζεριάν από δέρμα μόσχου με διάστικτη διακόσμηση. Φέρει χρυσή διακόσμηση στη ράχη, τις πλευρές και τα γυρίσματα, καυτή διακόσμηση στις καλύπτρες των κεφαλαριών και τις ακμές του καλύμματος.

Ραμμένη σε τέσσερις εσωτερικούς σπάγγους. Τα κεφαλάρια της είναι απλά και δίχρωμα. Η ράχη είναι εφαρμοστή, ελαφρά στρογγυλεμένη με μικρό ώμο. Τα χαρτόνια είναι σε όλο τους το πάχος. Οι ακμές του βιβλίου έχουν διάστικτη διακόσμηση. Τα εσώφυλλα αποτελούνται από δύο απλά δίφυλλα ραμμένα το ένα μέσα στο άλλο κι ένα δίφυλλο μαρμαρόκολλας, στο εσωτερικό τους, που λειτουργεί σαν επένδυση στο εσωτερικό των χαρτονιών και σαν ελεύθερο φύλλο.

50. BIBLE N. T. Εὐαγγέλιον τὸ ἱερόν, καί ἡ ᾽Αποκάλυψη τοῦ ᾽Ιωάννου.
Βενετία, Νικόλαος Γλυκύς, 1789.

Full leather binding, with sides adorned in silver borders and medallions representing the Crucifixion and Resurrection. Free chain bands on the spine.

Sewn on three recessed cords. Leather, gold tooled end bands. Tight and extremely stiff spine, flat, with small shoulders. Wooden boards have slightly shaped spine edges. Missing endpapers.

Βιβλιοδεσία, όλο δέρμα. Οι πλευρές του καλύμματος είναι κοσμημένες με ασημένιες, μεταλλικές μπορντούρες. Στο κέντρο τους φέρουν ασημένια διακοσμητικά ανάγλυφα, που παριστούν την Σταύρωση και την Ανάσταση. Στη ράχη ελεύθερες λεπτές αλυσίδες.

Ράψιμο σε τρεις εσωτερικούς σπάγγους. Δερμάτινα κεφαλάρια με χρυσή διακόσμηση. Η ράχη είναι εφαρμοστή και εξαιρετικά συμπαγής, επίπεδη και με μικρούς ώμους. Οι ξύλινες πλάκες της είναι ελαφρά λεπτυσμένες στις ακμές της ράχης. Τα εσώφυλλα λείπουν.

51. MARCHESI, M. E. Theses ex physica universa depromptae... Grecae linguae ac matheseos auditor. Placentiae excudebat Josephus Tedeschi, 1790.

Lovely binding of a single gathering structure, covered in embroidered silk. The book is sewn with its end papers. The end papers consist of a plain folio and a bronze decorated one, which functions as pastedown. It does not have any end bands and book edges are paste decorated.

Εξαιρετική βιβλιοδεσία, από κεντημένο μετάξι. Κατασκευή ενός τετραδίου. Το βιβλίο είναι ραμμένο μαζί με τα εσώφυλλά του, που αποτελούνται από ένα απλό δίφυλλο κι ένα διακοσμημένο με χαλκό, που λειτουργεί σαν επένδυση στο εσωτερικό του καλύμματος. Δεν έχει κεφαλάρια. Οι ακμές του βιβλίου είναι διακοσμημένες με την τεχνική της κόλλας.

52. Prayer book in Arabic.

"An illuminated manuscript, written in minute characters within gold lines, on thin parchment. Illuminated headings and two full-page illuminated paintings of the temples at Mecca and Medina."

Original Islamic binding, covered in native red morocco. Its cover (sides and flap) is brass-painted and clear-lacquered and bears quotations from the Koran and other ornaments.

Sewn on two sewing stations. It has Islamic end bands sewn in two colors with remarkable thin silk threads. Its spine is flat. Boards are thin. Front end papers consist of a plain folio next to the book block and two sheets of tinted paper. The pink one is the flyleaf extending to the board. The red one is the pastedown. Back end papers are exactly the same as the front, only their pastedown extends all across the inside of the board and the flap.

"Πρόκειται για ένα εικονογραφημένο χειρόγραφο, που είναι γραμμένο με μικρο-σκοπικούς χαρακτήρες μέσα σε χρυσές γραμμές, πάνω σε λεπτή περγαμηνή. Εικονο-γραφημένες κεφαλίδες και δύο ολοσέλιδες ζωγραφιές των ναών της Μέκκας και της Με-δίνας."

Αυθεντική Ισλαμική βιβλιοδεσία από κόκκινο μαροκινό. Το τρίπτυχο κά-λυμμά της είναι ζωγραφισμένο με χαλκό κι έχει επίστρωση λάκας. Φέρει απο-σπάσματα από το Κοράνι και διακοσμητικά κοσμήματα.

Είναι ραμμένη σε δύο σταθμούς ραψίματος. Έχει δίχρωμα κεφαλάρια Ισλαμικής τεχνικής πλεγμένα με εξαιρετικά λεπτές μεταξωτές κλωστές. Η ρά-χη της είναι επίπεδη. Τα χαρτόνια της είναι λεπτά. Οι ακμές του βιβλίου απλές. Το εμπρός εσώφυλλο αποτελείται από ένα λευκό δίφυλλο, που εφάπτεται στο βιβλίο και δύο βαμμένα φύλλα. Το ένα, ροζ, είναι το ελεύθερο φύλλο, το οποίο εκτείνεται στο χαρτόνι. Πάνω του εφαρμόζεται το κόκκινο, σαν επένδυση στο εσωτερικό του. Το οπίσθιο εσώφυλλο αποτελείται ακριβώς από τα ίδια συ-στατικά, μόνο που η εσωτερική επένδυση εκτείνεται και στα δύο τμήματα της οπίσθιας πλευράς της βιβλιοδεσίας.

53. DIVAN OF HASAN – I – DIHLAVI. 17th-18th cent.

«A Persian Ms written on glazed paper within blue and gold borders; the two first leaves and one of the head pieces superbly illuminated in blue and gold.»

This is an excellent, representative specimen of Persian binding, in Islamic style. The cover is gold block-stamped. Doublures are gold tooled and equally ornamented, with black and gold leather filigree on blue paper ground.

Sewn on two sewing stations, it has Islamic style end bands and a flexible and flat spine. Boards are of a full thickness. Tail edge bears an Arabic inscription obviously the title of the book. End papers are missing. They have leather joints and doublures.

«Περσικό χειρόγραφο γραμμένο σε χαρτί με επίχρισμα, μέσα σε μπλε και χρυ-σές μπορντούρες - τα δύο πρώτα φύλλα και ένα από τα επάνω μέρη υπέροχα διακοσμημένα με μπλε και χρυσό.»

Εξαιρετικό δείγμα Ισλαμικής βιβλιοδεσίας Περσικής καταγωγής. Το κά-λυμμα φέρει εντυπωμένη χρυσή διακόσμηση με σφραγίδες, που δημιουρ-γεί περίλαμπρο ανάγλυφο. Στο εσωτερικό της βιβλιοδεσίας, η δερμάτινη επένδυση των χαρτονιών της έχει εξ ίσου πλούσια διακοσμηθεί με λεπτά χρυσά δερμάτινα ανάγλυφα πάνω σε βαμμένο μπλε και μαύρο υπόστρωμα από χαρτί.

Ραμμένη σε δύο σταθμούς ραψίματος, έχει Ισλαμικού τύπου κεφαλάρια και ράχη ευλύγιστη κι επίπεδη. Τα χαρτόνια της είναι σε όλο τους το πάχος. Οι ακμές του βιβλίου είναι απλές. Η κάτω ακμή φέρει επίγραμμα σε αραβική γραφή, προφανώς του τίτλου του βιβλίου. Τα εσώφυλλα λείπουν. Έχουν δερ-μάτινους αρμούς και δερμάτινες επενδύσεις στο εσωτερικό των χαρτονιών της.

54. BIBLE. PSALMS. Ψαλτήριον τοῦ προφήτου καί βασιλέως Δαβίδ. Ἐνετίῃσι, παρά Νικολάῳ τῷ Σάρῳ, 1749.

Ιταλική βιβλιοδεσία, από περγαμηνή και δέρμα χοίρου, κατεργασμένο με άλατα αλουμινίου. Φέρει καυτή διακόσμηση.

Πολύ ενδιαφέρουσα η σχέση των υλικών του καλύμματος. Κατά το σύνηθες σε περγαμηνές κατασκευές με σκληρό κάλυμμα, η περγαμηνή ποτέ δεν εφαρμόζεται κατ᾽ ευθείαν. Χρειάζεται ένα είδος επένδυσης πριν την εφαρμογή της. Η επένδυση αυτή εφαρμόζεται είτε στο σκελετό της βιβλιοδεσίας, είτε στην περγαμηνή πριν την εφαρμογή της. Στην περίπτωση αυτή τον ρόλο της επένδυσης παίζει το χοιρόδερμα.

Ράψιμο σε τρεις ταινίες περγαμηνής. Απλά, δίχρωμα κεφαλάρια. εφαρμοστή ράχη, στρογγυλεμένη με μικρούς ώμους. Ξύλινες πλάκες λεπτυσμένες εσωτερικά στις επάνω, κάτω κι εμπρός ακμές. Οι ακμές της ράχης έχουν λεπτυνθεί εξωτερικά. Οι ακμές του βιβλίου έχουν επιχρυσωθεί και διακοσμηθεί με εντυπώματα. Τα εσώφυλλα δεν είναι ραμμένα. Συνίστανται από ένα απλό δίφυλλο, στερεωμένο στο βιβλίο, που αγκαλιάζει δύο, διαδοχικά τοποθετημένα. Το κοντινό στο βιβλίο είναι ένα απλό δίφυλλο, ενώ το κοντινό στις πλάκες είναι διακοσμημένο. Αυτά είναι απλώς στερεωμένα με κόλλα μεταξύ τους. Είναι προφανής ο ρόλος του διακοσμημένου, ως επένδυση στο εσωτερικό των πλακών και ως ελεύθερο φύλλο.

Italian binding in vellum and alum-tawed pigskin, with blind tooling.

The combination of the covering materials is very interesting. According to the usual vellum structures with boards, vellum is never applied on cover without some sort of lining- either on the structure, or on vellum-before covering. In this case alum-tawed pigskin is the lining material.

Sewn on three parchment tapes. Single sewn end bands, in two colors. Tight back rounded and slightly backed. Wooden boards have inside beveled head, tail and fore edges. Spine edges are outside beveled. Gilt and gauffered book edges. Endpapers, possibly not the original ones, are not sewn. They consist of a plain folio, tipped on book and enclosing two other folios. The one close to the book is plain, the other decorated. It is obvious that the decorated folio is the pastedown and flyleaf.

19th CENTURY.
19ος ΑΙΩΝΑΣ

There is a great variety of binding styles in this century and their aesthetic form and structural characteristics vary more distinctly than in previous centuries. For example while the French style of binding uses a tight back, the English style prefers the solution of a hollow back, to resolve the issue of preventing the book spine from suffering from functional frictions of the cover. End bands become colorful and are different not only in their sewing method, but also in the kind and the shape of their cores. End papers become more sophisticated with leather or cloth joints to strengthen inner joints. One might think at a first glance that structural techniques are leading to a more solid construction, but this is questionable as in the course of time, their durability and functionality has failed.

To start with a very beautiful monastic binding from Thessaly, with an interesting Italian influence on some of its structural characteristics. The following binding, Persian, has a structure far from the Islamic tradition. The only elements indicating its origin are its decoration style and motifs. If we recall of 18th century Nº 52, with its European influences, or the 16th century Nº 1, with its arabesque influences, we can see that techniques and artistic influences had flowed back and forth for centuries, in a steady exchange between east and west.

Next in the exhibition are three cloth bindings, of different structural and aesthetic characteristics, representing styles by the well-known binders of the time, Thouvenin, Lesné, Morell, Riviere and Bedford. An English binding decorated with dentelle borders, another armorial binding and a silversmith's bindings bearing classic characteristics of its kind. Notable is the quality of gold application on N° 66 as well as the artistry of the fore edge decoration of N° 71, a kind of practice famous in 19th century England.

The journey through 19th century ends appropriately with two exceptional bindings, of an altogether different structure, aesthetic atmosphere and view of the whole. They were selected to emphasize the importance of accurate execution, whether a reproduction or the owner's inspiration, indeed, the owner in this case appears to have had a vast knowledge and sense of the binding process.

Σ' αυτόν τον αιώνα συνυπάρχουν αρκετά διαφορετικά είδη βιβλιοδεσιών, που εκτός από την αισθητική τους ατμόσφαιρα οι κατασκευαστικές τους τεχνικές διαφοροποιούνται με μεγαλύτερη σαφήνεια. Αν οι γαλλικές τεχνικές κατασταλάζουν στην μορφοποίηση της συμπαγούς εφαρμοστής ράχης, οι αγγλικές αλλάζουν προς την λύση της κουφωτής ράχης απαντώντας έτσι σε μία ζητούμενη ανεξάρτητη λειτουργία της ράχης του βιβλίου από εκείνη του καλύμματος. Τα κεφαλάρια γίνονται πιο πλουμιστά και διαφοροποιούνται όχι μόνο στον τρόπο πλεξίματος, αλλά και στο είδος και το σχήμα της υποστήριξής τους. Τα εσώφυλλα γίνονται αρκετά σύνθετα με δερμάτινους ή υφασμάτινους αρμούς, που ενισχύουν το εσωτερικό της ένωσης βιβλίου και χαρτονιών. Θα έλεγε κανείς ότι οι κατασκευές αρχίζουν να παίρνουν, άλλοτε λίγο άλλοτε πολύ, έναν χαρακτήρα κατ' επίφασιν συμπαγούς στερεότητας, πράγμα, που εκ των υστέρων δεν φαίνεται νά έχει συνεισφέρει στο ζητούμενο μιας στέρεης κι εύχρηστης κατασκευής.

Ξεκινώντας με την πανέμορφη μοναστηριακή βιβλιοδεσία από την Θεσσαλία, θα πρέπει νά επισημάνουμε την ιταλική επιρροή στα επί μέρους τεχνικά χαρακτηριστικά της. Η περσική βιβλιοδεσία που ακολουθεί έχει κατασκευαστικά κατά πολύ απομακρυνθεί από την ισλαμική παράδοση και μόνο τα διακοσμητικά μοτίβα και το ύφος σηματοδοτούν την καταγωγή της.

Ανατρέχοντας στην N° 52 του 18ου αιώνα με τις ευρωπαϊκές επιρροές στο ύφος της διακόσμησής της ή την N° 1 του 15ου αιώνα με τις αραβικές επιρροές στα μοτίβα της διακόσμησής της, θα μπορούσε κανείς νά αντιληφθεί την από και προς όλες τις κατευθύνσεις ροή της γνώσης.

Ακολουθούν τρεις βιβλιοδεσίες από ύφασμα, εντελώς διαφορετικής κατασκευής αλλά κι αισθητικής, επώνυμες βιβλιοδεσίες των γνωστών βιβλιοδετών του 19ου αιώνα, Τουβνέν, Λεσνέ, Μορέλ, Ριβιέρ και Μπέντφορντ, μία αγγλική βιβλιοδεσία με δαντελωτές μπορντούρες, μια βιβλιοδεσία με έμβλημα και αργυροχρυσοχοϊκές βιβλιοδεσίες, που διατηρούν τις παλιές τεχνικές ως έχουν.

Οι βιβλιοδεσίες από δέρμα διακοσμημένου μόσχου είναι εξαιρετικά δημοφιλείς στην Αγγλία του 19ου αιώνα, μια και το δέρμα αυτό ήταν φτηνό και κατά συνέπεια μεγάλης χρηστικότητας. Με αυτήν την τεχνική αποκτά ομορφιά η λεία και μονότονη επιφάνειά του.

Ανάμεσα στις βιβλιοδεσίες με εμβλήματα αξίζει νά ξεχωρίσουμε την N° 66 για την εκπληκτική χρυσή διακόσμηση πάνω σε μεταξωτό ύφασμα, πράγμα που απαιτεί ξεχωριστή δεξιοτεχνία. Θα πρέπει επίσης νά σταθούμε σε ένα άλλο εκπληκτικό δείγμα δεξιοτεχνίας, όπως η ζωγραφική στην εμπρός ακμή του βιβλίου της N° 71, μία εξ ίσου δημοφιλής πρακτική του 19ου αιώνα.

Τέλος, θα κλείσουμε το ταξίδι στον 19ο αιώνα με δύο βιβλιοδεσίες διαφορετικής κατασκευής, αισθητικής και εν τέλει συνολικής άποψης. Επιλέχθηκαν για νά δικαιωθεί η εκθαμβωτικά άρτια εκτέλεση ενός έργου, είτε αυτό είναι αντίγραφο, είτε πρόκειται για την έμπνευση του ίδιου του κτήτορα της βιβλιοδεσίας, όχι μόνο σαν βιβλιόφιλου αλλά και εμφανή γνώστη της βιβλιοδετικής διαδικασίας.

55. CHRYSANTHOS Kamarases, of Proussa. Προσκυνητάριον τῆς Ἁγίας Ἱερουσαλήμ καί πάσης Παλαιστίνης... παρά Χρυσάνθου τοῦ ἐκ Προύσης...
Ἐν Βιέννῃ, 1787.

Monastic binding, covered in red morocco, bound by its first owner, archimandrite Gerassimos of the Doussikos Monastery in Thessaly, in 1825. The book had guided his pilgrimage to the Holy Land, from where he returned to his Monastery in 1845. The binding bears elaborate blind tooling with a large Cross on the centers of its sides. It has two clasps.

Sewn on six alum-tawed pigskin tapes. Book edges are plain. End bands are sewn on the linen lining of the spine, which extends to the boards. It has pasteboards. Their corners next to the end bands have been cut off to absorb the volume of their extension. End papers consist of a plain folio tipped on book and pasted down.

Μοναστηριακή βιβλιοδεσία από κόκκινο μαροκινό, κατασκευασμένη το 1825 από τον πρώτο κάτοχο του βιβλίου, Αρχιμανδρίτη Γεράσιμο της Μονής Δουσίκου, στη Θεσσαλία. Αυτό το βιβλίο ήταν ο οδηγός του κατά το προσκύνημά του στους Άγιους Τόπους, από όπου επέστρεψε στο μοναστήρι του το 1845. Η βιβλιοδεσία αυτή φέρει περίλαμπρη καυτή διακόσμηση με έναν μεγάλο Σταυρό στο κέντρο των πλευρών της. Έχει δύο χάλκινα κλείστρα.

Είναι ραμμένη σε έξι ταινίες από δέρμα χοίρου κατεργασμένο με άλατα αλουμινίου. Οι ακμές του βιβλίου είναι απλές. Τα κεφαλάρια είναι ραμμένα στο λινό της ράχης, που εκτείνεται στα χαρτόνια. Τα χαρτόνια είναι κατασκευασμένα από αλλεπάλληλα επικολλημένα φύλλα χαρτιού. Η γωνία τους προς τα κεφαλάρια έχει αφαιρεθεί, για να απορροφηθεί η προέκταση των κεφαλαριών. Τα εσώφυλλα αποτελούνται από ένα δίφυλλο στερεωμένο στο βιβλίο με κόλλα κι επικολλημένο στο εσωτερικό των χαρτονιών.

56. FARID UL-DIN ALTAR: MANTIK UL-TAIR.

A mystical allegorical poem. Persian written on 359pp in double column without rules; dated 1844.

Persian limp case binding, of a particular construction, covered in brown leather. It is stamped with floriated borders, enclosing Persian inscriptions in relief.

Sewn on two cords, it has Islamic end bands. Book spine is not attached to the cover. It is somehow formed into a kind of a hollow. Book edges are plain. End papers appear to have gilt edges. They consist of a single sheet tipped on book. A piece of fabric applied as pastedown is tipped on it. Another plain sheet is tipped on and functions as flyleaf.

Ένα μυστικιστικό αλληγορικό ποίημα. Γραμμένο στα περσικά σε 359 σελίδες δύο στηλών, χωρίς γραμμογράφηση. Χρονολογείται στο 1844.

Περσική βιβλιοδεσία από καφέ δέρμα σε μαλακό κάλυμμα, ιδιαίτερης κατασκευής. Είναι διακοσμημένη με σφραγίδες σε ανθοφόρες μπορντούρες, που περικλείουν ανάγλυφα περσικά επιγράμματα.

Ραμμένη σε δύο σπάγγους, έχει ισλαμικά κεφαλάρια. Η ράχη του βιβλίου είναι αποσπασμένη από το κάλυμμα. Είναι με κάποιον τρόπο κουφωτή. Οι ακμές του βιβλίου είναι απλές. Τα εσώφυλλα μοιάζουν νά έχουν επιχρυσωμένες ακμές. Αποτελούνται από ένα απλό φύλλο στερεωμένο με κόλλα στο βιβλίο. Σ'αυτό στερεώνεται ύφασμα, που εφαρμόζεται σαν επένδυση στο εσωτερικό του καλύμματος. Έπειτα στερεώνεται άλλο απλό φύλλο σαν ελεύθερο φύλλο.

57. KONDAKOV, N.P. Histoire de l'art Byzantine. Παρίσι, 1886-1891.

Full cloth covered binding of unknown origin. The sort of the spine (hollow back) and the kind of endpapers used indicate an English structure, sewn on five recessed cords, without end bands. Boards are in their full thickness. Sides of cover bear a soft layer between the covering fabric and the board, which gives them a cushioned shape. Apart from its aesthetic effect, its functional role is to weaken frictions, while the binding is in use. Gilt book edges. Endpapers consist of two folios positioned one after the other. The second, the one next to the book block, is a plain folio. The first, the one next to the board, is of a silk textured paper. They are both not sewn through. They are pasted together and form a stiff leaf. The first leaf of the first folio bears a leather joint. Flyleaves and pastedowns are made of fabric, the second ones surrounded by pretty wide turn ins.

Υφασμάτινη βιβλιοδεσία, άγνωστης προέλευσης. Ο τρόπος λειτουργίας της ράχης (κουφωτή) και το είδος των εσωφύλλων αποδεικνύουν μία αγγλική κατασκευή, ραμμένη σε πέντε εσωτερικούς σπάγγους, χωρίς κεφαλάρια. Τα χαρτόνια είναι σε όλο τους το πάχος. Οι πλευρές φέρουν ένα στρώμα μαλακού υλικού ανάμεσα στο ύφασμα και το χαρτόνι, έτσι που τούς δίνει ένα σχήμα μαξιλαριού. Εκτός του αισθητικού ο λειτουργικός του ρόλος είναι η απορρόφηση των τριβών, κατά την χρήση της βιβλιοδεσίας. Οι ακμές του βιβλίου είναι επιχρυσωμένες. Τα εσώφυλλα αποτελούνται από δύο δίφυλλα συνεχόμενα. Το δεύτερο, προς το σώμα του βιβλίου, είναι λευκό. Το πρώτο, προς το χαρτόνι, έχει μεταξωτή υφή. Δεν είναι ραμμένα. Κολλώνται μεταξύ τους και σχηματίζουν το σκληρό φύλλο. Στο πρώτο φύλλο του πρώτου δίφυλλου εφαρμόζεται εσωτερικός δερμάτινος αρμός. Ύφασμα εφαρμόζεται στο ελεύθερο φύλλο, όπως και στο εσωτερικό των χαρτονιών, όπου περιβάλλεται από μεγάλα γυρίσματα του δέρματος.

58. BOWLES, Charles and Susan M.: A Nile Voyage of recovery. London [S.q.]

Book designed and sewn in a Japanese style. It is cased in an embroidered cover. It has thin boards of a full thickness. Endpapers consist of two not sewn, plain folios, positioned one inside the other and tipped on book. A decorated paper folio is inserted within the two plain folios. Its second leaf, pasted with that of the plain folio next to it, creates a stiff leaf. At this point the front and the back endpapers are different. The front end papers bear a silk patterned sheet, applied as front flyleaf and extending to the inner joint. Silk fabric, embroidered with a rose is applied as a pastedown. The back end papers bear a silk patterned paper folio, applied as a pastedown and flyleaf.

Βιβλίο επιμελημένο και ραμμένο με ιαπωνικό τρόπο. Δεμένο σε κάλυμμα κεντητό. Έχει λεπτά χαρτόνια. Τα εσώφυλλα αποτελούνται από δύο άραφτα, απλά δίφυλλα, το ένα μέσα στο άλλο και στερεωμένα στο βιβλίο με κόλλα. Ένα διακοσμημένο δίφυλλο τοποθετείται μέσα στα δύο απλά. Το δεύτερο φύλλο του και το δεύτερο φύλλο του άμεσού του απλού κολλώνται και σχηματίζουν το σκληρό φύλλο. Στο σημείο αυτό το εμπρός κι οπίσθιο εσώφυλλο διαφοροποιούνται. Εμπρός εσώφυλλο: ένα φύλλο χαρτί, με μεταξωτή υφή, εφαρμόζεται ως ελεύθερο φύλλο και προεκτείνεται σαν αρμός στην εσωτερική ένωση. Μεταξωτό ύφασμα, που φέρει ένα κεντημένο τριαντάφυλλο συνιστά την επένδυση στο εσωτερικό του χαρτονιού. Οπίσθιο εσώφυλλο: ένα δίφυλλο με μεταξωτή υφή συνιστά την επένδυση στο εσωτερικό του χαρτονιού και το ελεύθερο φύλλο.

59. LOUŸS, Pierre. Lêda, ou, La louange des bienheureuses ténébres... Παρίσι, 1897.

Γαλλική βιβλιοδεσία με κέντημα. Το βελούδινο κάλυμμα, έχει μαλακό υπόστρωμα και είναι κεντημένο με χάντρες.

Ράψιμο σε πέντε σπάγγους, χωρίς κεφαλάρια. Εφαρμοστή ράχη, στρογγυλεμένη. Τα χαρτόνια είναι σε όλο τους το πάχος.

Η επάνω ακμή του βιβλίου είναι επιχρυσωμένη. Τα εσώφυλλα αποτελούνται από ένα απλό δίφυλλο, στερεωμένο με κόλλα στο βιβλίο κι ένα διακοσμημένο. Αυτά κολλώνται μεταξύ τους, το ένα μετά το άλλο και σχηματίζουν το σκληρό φύλλο. Στο πρώτο διακοσμημένο φύλλο εφαρμόζεται δερμάτινος αρμός κι έπειτα ύφασμα που σχηματίζει το ελεύθερο φύλλο. Διαφορετικό ύφασμα επικολλάται στο εσωτερικό των χαρτονιών, περιβαλλόμενο από πλατιά γυρίσματα του υλικού του καλύμματος.

French embroidery binding, with a velvet softly cushioned cover, embroidered with beads.

Sewn on five recessed cords, without end bands. Rounded, tight back. Boards are of a full thickness.

Gilt head edge. Endpapers are not sewn and consist of a plain folio, tipped on book and a decorated folio both pasted together, one after the other and forming a stiff leaf. A leather joint is applied on the first decorated leaf and then a piece of fabric, to form the flyleaf. A piece of different fabric is pasted down, surrounded by wide turn ins.

60. PLUTARCH.
Pompei, Girolamo, translator.
Le vite degli uomini illustri di Plutarcho. Versione Italiana di Girolamo Pompei con note de piu celebri letterati.
Firenze, David Passigli, 1833.

French, fully covered in leather, binding, signed by hand on the endpapers by Thouvenin. Decorated in blind and gold tooling all over the cover, extending on board edges and turn ins.

Sewn on five recessed cords. Single-sewn end bands in two colors. Hollow back, rounded and backed, with four wide and flat raised bands. Thin full thickness boards. End papers are not sewn through. They consist of one folio of plain paper and another, marbled, positioned one after the other. The marbled folio is applied as the pastedown and flyleaf.

Γαλλική βιβλιοδεσία, όλο δέρμα, με χειρόγραφη υπογραφή του Τουβνέν, στο εσώφυλλο. Καυτή και χρυσή διακόσμηση, σε όλο το κάλυμμα, επεκτείνεται στις ακμές του και τα γυρίσματα του δέρματος.

Ράψιμο σε πέντε εσωτερικούς σπάγγους. Απλά κεφαλάρια με δύο χρώματα. Κουφωτή ράχη, στρογγυλεμένη και σφυρισμένη, με τέσσερα πλατιά και χαμηλά εξογκώματα. Λεπτά χαρτόνια σε όλο τους το πάχος. Τα εσώφυλλα, που δεν είναι ραμμένα αποτελούνται από ένα απλό δίφυλλο κι ένα μαρμαρόκολλας, διαδοχικά τοποθετημένα. Η μαρμαρόκολλα συνιστά την επένδυση στο εσωτερικό των χαρτονιών και το ελεύθερο φύλλο.

61. LESNÉ, Mathurin-Marie. La Reliure, poème didactique en six chants; précédé d'une idée analytique de cet art...par LESNÉ. Paris chez Lesné, relieur, 1820.

Published and bound by the writer. Copy No 121/125.

Full leather covered, French binding, with stamps and borders decoration in gold, on both cover sides. Decoration becomes elaborate on spine and spreads, with lines and borders alike, on board edges, head and tail caps and leather turn ins.

Sewing on four recessed cords. "Tranchefile chapiteau" end bands, in four colors. Extremely stiff, tight back, rounded and backed, bearing four raised bands. Full thickness boards. Book edges roughly gilt. Each endpaper consists of four white folios, sewn through, one inside the others. A marbled folio is positioned among the first leaves of the first and second folios. It forms the paste down and flyleaf.

Έκδοση του συγγραφέα. Αντίτυπο Αρ. 121/125.

Γαλλική βιβλιοδεσία όλο δέρμα. Φέρει χρυσή διακόσμηση με σφραγίδες και μπορντούρες και στις δύο πλευρές. Στη ράχη γίνεται περίλαμπρη και συνεχίζει με γραμμές και μπορντούρες στις ακμές του καλύμματος, στις επάνω και κάτω καλύπτρες των κεφαλαριών, και τα γυρίσματα του δέρματος.

Ράψιμο σε τέσσερις εξωτερικούς σπάγγους. Γαλλικά κεφαλάρια, με τέσσερα χρώματα. Πολύ σφικτή, εφαρμοστή ράχη, στρογγυλεμένη και σφυρισμένη, με τέσσερα εξογκώματα. Χαρτόνια σε όλο τους το πάχος. Οι ακμές του βιβλίου έχουν αδρά επιχρυσωθεί. Τα εσώφυλλα συνίστανται από τέσσερα δίφυλλα, ραμμένα το ένα μέσα στο άλλο. Ένα δίφυλλο μαρμαρόκολλας τοποθετείται ανάμεσα στα πρώτα φύλλα του πρώτου και του δεύτερου δίφυλλου και συνιστά το ελεύθερο φύλλο και την εσωτερική επένδυση των χαρτονιών.

62. THEOPHRASTUS. Theophrasti Philosophi clarissimi, De Historia Plantarum Libri IX... Theodoro Gaza interprete.
Lugduni, apud Gulielmum Gazeium, 1552.

Mottled calf, English binding, signed by "MORELL. BINDER.". Gold tooled on spine, sides, cover edges and head and tail caps.

Sewn on five recessed cords. Single end bands sewn in three colors. Its spine is a hollow, rounded and backed. Boards are of a full thickness. Book edges are gilt. End papers consist of a plain folio sewn through and a decorated folio tipped inside the plain and functioning as a pastedown and flyleaf.

Αγγλική βιβλιοδεσία, από δέρμα μόσχου με διάστικτη διακόσμηση, υπογεγραμμένη «MORELL.BINDER.». Φέρει χρυσή διακόσμηση στη ράχη, τις πλευρές τις ακμές του καλύμματος και τις καλύπτρες των κεφαλαριών.

Ραμμένη σε πέντε εσωτερικούς σπάγγους. Τα κεφαλάρια της είναι απλά και τρίχρωμα. Η ράχη της είναι κουφωτή, στρογγυλεμένη και σφυρισμένη. Τα χαρτόνια της είναι σε όλο τους το πάχος. Οι ακμές του βιβλίου είναι επιχρυσωμένες. Τα εσώφυλλα αποτελούνται από δύο απλά δίφυλλα, ραμμένα το ένα μέσα στο άλλο κι ένα διακοσμημένο, στερεωμένο στο μέσον τους, που λειτουργεί σαν επένδυση στο εσωτερικό των χαρτονιών και σαν ελεύθερο φύλλο.

63. LANDOR, Walter Savage.
The Hellenics of Walter Savage Landor; comprising heroic idyls, &c.
London, R. Griffin, 1859.

English, full morocco binding, signed by Riviere on the parchment flyleaf. Gilt paneled borders on the cover. Board edges and turn ins bear gold tooling. In the center of recto cover an enameled Wedgwood medallion is inserted.

Sewn on five recessed cords. "Tranchefile chapiteau" end bands in three colors. Hollow back, rounded and backed. Boards have sharply beveled head, tail and fore edge. Book edges gilt. Endpapers consist of two paper folios, one inside the other, sewn on and tipped on. Their first leaves function as board linings. On the second leaf of the central folio a leather joint has been applied. Then single parchment leaves are tipped on each of the shoulders and form the flyleaves. Surrounded by wide margins, parchment doublures are inlaid.

Αγγλική βιβλιοδεσία, από μαροκινό δέρμα. Υπογεγραμμένη στο περγαμηνώο μέρος του εσωφύλλου από τούς Ριβιέρ. Χρυσή διακόσμηση με μπορντούρες σε όλο το κάλυμμα. Χρυσή διακόσμηση φέρουν και οι ακμές του, καθώς και τα γυρίσματα του δέρματος. Στο κέντρο της μπροστινής πλευράς του καλύμματος, βρίσκεται ένθετο, επισμαλτωμένο ανάγλυφο των Γουέτζγουντ.

Ράψιμο σε πέντε εσωτερικούς σπάγγους. Γαλλικό κεφαλάρι τριών χρωμάτων. Κουφωτή ράχη, στρογγυλεμένη και σφυρισμένη. Τα χαρτόνια είναι λεπτυσμένα, με απότομο κατέβασμα στις επάνω, κάτω κι εμπρός ακμές. Οι ακμές του βιβλίου είναι επιχρυσωμένες. Τα εσώφυλλα συνίστανται από δύο λευκά δίφυλλα, το ένα μέσα στο άλλο. Είναι ραμμένα και στερεωμένα με κόλλα στο βιβλίο. Τα δύο πρώτα φύλλα των δίφυλλων λειτουργούν σαν επένδυση στο εσωτερικό των χαρτονιών. Στο δεύτερο φύλλο του μεσαίου δίφυλλου εφαρμόζεται ο δερμάτινος αρμός κι έπειτα ένα φύλλο περγαμηνής, στερεωμένο με κόλλα, σχηματίζει το ελεύθερο φύλλο. Ανάμεσα σε πλατιά γυρίσματα του δέρματος, στο εσωτερικό των χαρτονιών κάθεται φύλλο περγαμηνής.

64. ARISTOTLE. Libri de animalibus Aristotelis, interprete Theodoro Gaza, Venetiis per Iohannem de Colonia, 1476.

"Original edition, very rare, in Roman letter, long lines, 35 to a page, with signatures, but no numeration, several MS. marginal notes, fine large copy...".
"Theodore Gaza had a copy sumptuously bound, and presented it to the Pope, who returned it adding 'the cost of the binding': it seems he took offence of the passage in the preface beginning 'Pace enim qua uti debuerant', which is not favourable to the Popes in general [De Bure. 1682]".

English binding, covered in red morocco. Spine is elaborately gold tooled and so are the sides, in dentelle borders. Gold tooling spreads on wide turn ins and cover edges.

Sewn on five recessed cords. Single-sewn end bands in two colors. Hollow back, rounded and backed. Boards are beveled all around their edges. Roughly gilt book edges. End papers consist of a plain folio with leather joint, a plain sheet, tipped on the folio, as a flyleaf and a similar one as a pastedown.

«Πρώτη έκδοση, πολύ σπάνια, με γράμματα Ρόμαν, επιμήκεις αράδες, 35 σε μία σελίδα, με τετράδια, χωρίς αρίθμηση, πολλές χειρόγραφες σημειώσεις στα περιθώρια, όμορφο μεγάλο αντίτυπο...

«Ο Θεόδωρος Γαζής έδωσε ένα αντίτυπο νά δεθεί σε μία μεγαλειώδη βιβλιοδεσία και το παρουσίασε στον Πάπα. Αυτός το επέστρεψε μαζί με το ΄κόστος της βιβλιοδεσίας΄. Φαίνεται ότι προσβλήθηκε από ένα κομμάτι του προλόγου, που άρχιζε: ΄Pace enim qua uti debuerant΄. Πράγμα όχι αρεστό στους Πάπες γενικά [De Bure. 1682]».

Αγγλική βιβλιοδεσία, από κόκκινο μαροκινό. Η ράχη είναι περίλαμπρα διακοσμημένη καθώς και οι πλευρές, με δαντελωτές μπορντούρες. Η χρυσή διακόσμηση απλώνεται στα πλατιά γυρίσματα του δέρματος και τις ακμές του καλύμματος.

Ραμμένο σε πέντε εσωτερικούς σπάγγους. Απλά δίχρωμα κεφαλάρια. Κουφωτή ράχη, στρογγυλεμένη και σφυρισμένη. Τα χαρτόνια είναι λεπτυσμένα, με απότομο κατέβασμα σε όλες τους τις πλευρές. Αδρά επιχρυσωμένες οι ακμές του βιβλίου. Τα εσώφυλλα αποτελούνται από ένα απλό δίφυλλο με δερμάτινο αρμό, ένα απλό φύλλο στερεωμένο στο δίφυλλο, ως ελεύθερο φύλλο κι ένα όμοιο, ως επένδυση στο εσωτερικό των χαρτονιών.

65. PAUSANIAS [Editio Princeps]. Παυσανίας. Editit Marcus Musurus, Venetiis in aedibus Aldi et Andreae Soceri, 1516.

Fine copy, inner margin of first leaf mended, by F. Bedford.

Full morocco covered, English binding, signed by "BEDFORD". Spine and sides are gold tooled.

Sewn on six recessed cords. "Tranchefile chapiteau" end bands, silk sewn in three colors. It has a tight, rounded and backed spine, with six raised bands. Full thickness boards. Gilt book edges. End papers consist of a plain folio, tipped on book, sewn through and enclosing the second plain folio, applied as a pastedown and flyleaf.

«Εξαιρετικό αντίτυπο με το εσωτερικό περιθώριο του πρώτου φύλλου επιδιορθωμένο από τον F. Bedford».

Αγγλική βιβλιοδεσία, όλο μαροκινό, υπογεγραμμένη "BEDFORD". Η ράχη και οι πλευρές φέρουν χρυσή διακόσμηση.

Ραμμένη σε έξι εσωτερικούς σπάγγους, έχει γαλλικά, μεταξωτά κεφαλάρια, πλεγμένα με τρία χρώματα. Η ράχη είναι εφαρμοστή, στρογγυλεμένη και σφυρισμένη, με έξι εξογκώματα. Τα χαρτόνια είναι σε όλο τους το πάχος. Οι ακμές του βιβλίου είναι επιχρυσωμένες. Τα εσώφυλλα αποτελούνται από ένα δίφυλλο, στερεωμένο στο βιβλίο με κόλλα και ραμμένο, που περικλείει το δεύτερο απλό δίφυλλο, την επένδυση στο εσωτερικό των χαρτονιών και το ελεύθερο φύλλο.

66. BLAMPIGNON, Emile. De Sancto Cypriano et de Primaeva Carthaginiensi   Ecclesia. Paris, Firmin Didot, 1861.

French, full white, watered silk covered binding, with the arms of Pope Pius IX, impressed in gold on sides. Elaborate gold tooling on silk.

Sewn on four recessed cords. "Tranchefile chapiteau" end bands in one color. Tight back rounded and backed. Full thickness boards. Roughly gilt book edges. End papers consist of a plain folio, sewn through and a marbled folio, positioned one after the other. The marbled folio is applied as the pastedown and flyleaf.

Γαλλική βιβλιοδεσία, όλο άσπρο μεταξωτό ύφασμα, με το έμβλημα του Πάπα Πίου του 9ου, εντυπωμένο με χρυσό στις πλευρές. Περίλαμπρη χρυσή διακόσμηση σε μετάξι.

Ράψιμο σε τέσσερις εσωτερικούς σπάγγους. Γαλλικά, μονόχρωμα κεφαλάρια. Εφαρμοστή ράχη, στρογγυλεμένη και σφυρισμένη. Χαρτόνια σε όλο τους το πάχος. Αδρή χρυσή διακόσμηση των ακμών του βιβλίου. Εσώφυλλα από ένα απλό δίφυλλο, ραμμένο κι ένα δίφυλλο μαρμαρόκολλας, διαδοχικά τοποθετημένα. Το δίφυλλο μαρμαρόκολλας συνιστά την επένδυση στο εσωτερικό των χαρτονιών και το ελεύθερο φύλλο.

67. Elsasisches Missionsbüchlein... Luxembourg 1818.

German, full straight-grain morocco binding, bearing characteristics of earlier structures, with two clasps, metal bosses and rims. Gold tooling on sides and spine. In the center of each side, a royal crown and wreath, gold tooled, is disturbed by a boss amidst of it, obviously of a protective than a decorative role.

Sewn on two flat, not easily definable supports (most possibly alum-tawed pigskin tapes). Leather made end bands (possibly of alum-tawed pigskin). Roughly gilt and gauffered edges. Full thickness, untreated, wooden boards. Endpapers consist of two white folios and a print decorated one, positioned one inside the other and sewn through.

Γερμανική βιβλιοδεσία, με στοιχεία προγενέστερων κατασκευών. Όλο δέρμα μαροκινό με μακρόστενο πόρο. Φέρει δύο κλείστρα, μεταλλικούς ύβους και μεταλλική στεφάνη στις ακμές του καλύμματος. Χρυσή διακόσμηση στις πλευρές, αλλά και την ράχη. Στο κέντρο κάθε πλευράς υπάρχει χρυσή εντύπωση στέμματος μέσα σε δάφνινο στεφάνι, που διαταράσσεται από ένα μεταλλικό ύβο στο μέσον του, προστατευτικού ρόλου, παρά διακοσμητικού.

Ράψιμο σε δύο σταθμούς, επίπεδης, δυσδιάκριτης, εξωτερικής στήριξης (πιθανότατα ταινίες από δέρμα χοίρου, επεξεργασμένο με άλατα αλουμινίου). Κεφαλάρια δερμάτινα (αν η στήριξη του ραψίματος είναι από δέρμα χοίρου, αυτό συμπερασματικά συνιστά και το υλικό των κεφαλαριών). Αδρή χρυσή κι έντυπη διακόσμηση των ακμών του βιβλίου. Ξύλινες πλάκες σε όλο τους το πάχος, χωρίς κάποιου είδους παρέμβαση. Τα εσώφυλλα συνίστανται από δύο λευκά δίφυλλα κι ένα με έντυπη διακόσμηση, όλα ραμμένα, το ένα μέσα στο άλλο.

68. EVANGELISCHES GESANBUCH. Erfurt, 1797.

Full velvet binding with metallic relief border on sides, initials BEN and date 1809 on the recto cover and elaborate clasp on fore edge.

Sewn on three recessed cords. Single, one-color end bands, sewn on a piece of linen. Hollow back rounded and backed. Wooden boards have all their edges slightly shaped inside. Book edges roughly gilt and gauffered. Endpapers consist of one plain folio sewn through and another painted in one color, positioned one after the other. The second is applied as a pastedown and flyleaf.

Βιβλιοδεσία όλο βελούδο, με μεταλλικές ανάγλυφες μπορντούρες στις πλευρές, τα αρχικά ΓΕΝ και την χρονολογία 1809 στην εμπρός πλευρά κι ένα περίλαμπρο κλείστρο στις εμπρός ακμές του καλύμματος.

Ράψιμο σε τρεις εσωτερικούς σπάγγους. Απλά μονόχρωμα κεφαλάρια, πλεγμένα σε λινό. Κουφωτή ράχη, στρογγυλεμένη και σφυρισμένη. Ξύλινες πλάκες ελαφρά λεπτυσμένες εσωτερικά. Οι ακμές του βιβλίου είναι αδρά επιχρυσωμένες και φέρουν διακόσμηση με εντυπώματα. Εσώφυλλα, που αποτελούνται από ένα απλό δίφυλλο ραμμένο κι ένα μονόχρωμο, διαδοχικά τοποθετημένα. Το μονόχρωμο αποτελεί την επένδυση στο εσωτερικό των πλακών και το ελεύθερο φύλλο.

69. PETIT PAROISSIEN, illustré des gravures et de lettres ornées. Paris, Imprimerie Ducessois [1860].

Full velvet binding, with metallic, bearing the title "marriage", panel on spine and an elaborate, gold plated clasp on fore edge.

Sewn on three recessed cords. "Tranchefile chapiteau" end bands in two colors. Hollow back rounded and backed. Full thickness boards. Gilt, painted and gauffered book edges. Endpapers consist of three plain folios, sewn through, one inside the other and a silk patterned paper folio, applied as a pastedown and flyleaf.

Βιβλιοδεσία, όλο βελούδο, με μεταλλική πλακέτα, που φέρει τον τίτλο "marriage" στη ράχη και περίλαμπρο, επίχρυσο κλείστρο στις εμπρός ακμές του καλύμματος.

Ράψιμο σε τρεις σπάγγους. Γαλλικά δίχρωμα κεφαλάρια. Κουφωτή ράχη, στρογγυλεμένη και σφυρισμένη. Χαρτόνια σε όλο τους το πάχος. Οι ακμές του βιβλίου έχουν επιχρυσωθεί, ζωγραφιστεί και φέρουν έντυπη διακόσμηση.

Τα εσώφυλλα αποτελούνται από τρία απλά δίφυλλα, ραμμένα το ένα μέσα στο άλλο κι ένα από χαρτί με σχέδια μεταξωτού υφάσματος. Το δεύτερο συνιστά την επένδυση στο εσωτερικό των χαρτονιών και το ελεύθερο φύλλο.

70. PLATO. Le timée de Platon, traittant de la nature du monde et de l'hôme et de ce qui concerne universelement tant l'âme que le corps des deux. Translaté de grec en françois... par Loy.s le Roy dit Regius. Plutarque Dela création de l'âme, que Platon escrit en son Timée. A Paris, par Abel l'Angelier, 1581.

English binding, covered in new marbled calf. Gold tooled spine, sides, cover edges and turn ins. Tooled in gold the Gennadius monogramme.

Sewn on five recessed cords. Single end bands sewn in three colors. It has a tight back with five raised bands. Boards are of full thickness. Book edges roughly gilt. End papers consist of a plain folio tipped on book and sewn through, a second plain folio tipped on the first, a marbled folio adhered to the second and functioning as pastedown and flyleaf.

Αγγλική βιβλιοδεσία, από δέρμα μόσχου διακοσμημένο με νερά μαρμάρου. Ράχη, πλευρές, ακμές του καλύμματος και γυρίσματα φέρουν χρυσή διακόσμηση. Εντυπωμένο με χρυσό το μονόγραμμα του Γενναδίου.

Ραμμένη σε πέντε εσωτερικούς σπάγγους, με απλά και τρίχρωμα κεφαλάρια. Έχει εφαρμοστή ράχη με πέντε ψευδή εξογκώματα. Τα χαρτόνια είναι σε όλο τους το πάχος. Οι ακμές του βιβλίου είναι αδρά επιχρυσωμένες. Τα εσώφυλλα αποτελούνται από ένα απλό δίφυλλο ραμμένο και στερεωμένο στο βιβλίο με κόλλα, ένα δεύτερο απλό δίφυλλο, στερεωμένο με κόλλα στο πρώτο, ένα δίφυλλο μαρμαρόκολλας επικολλημένο στο δεύτερο δίφυλλο, που λειτουργεί σαν επένδυση στο εσωτερικό των χαρτονιών και σαν ελεύθερο φύλλο.

71. BLAND, ROBERT (1779?-1825) translator. Collections from the Greek Anthology; and from the pastoral, elegiac and dramatic poets of Greece. London, W. Bulmer, 1813.

Full straight-grain morocco covered, English binding, gold tooled on cover sides and spine. Cover edges bear gold tooling about 2cm at their corners. The book edges are gilt. What makes the binding exceptional is the watercolor drawing of a view of Athens from Ilissus, hidden under the gilt fore edge, when the book is closed and visible, when the book is open.

Sewn on five recessed cords. Single-sewn end bands in two colors. Hollow back, rather flat with small shoulders, with five wide and thin raised bands (characteristics of a romantic style). Boards are of a full thickness. Endpapers consist of a white folio, sewn through and tipped on book and a painted folio, functioning as a paste down and fly leaf.

Αγγλική βιβλιοδεσία, όλο μαροκινό με μακρόστενο πόρο. Λιτή διακό-
σμηση στη ράχη και τις δύο πλευρές. Οι ακμές του καλύμματος φέρουν χρυ-
σή διακόσμηση, περίπου στα 2 εκ. στις γωνίες τους. Οι ακμές των φύλλων
είναι επιχρυσωμένες. Αυτό που ωστόσο κάνει την βιβλιοδεσία εξαιρετική,
είναι η απεικόνιση της Αθήνας από τον Ιλισσό, με υδατοχρώματα, κρυμ-
μένη κάτω από το στρώμα χρυσού των εμπρός ακμών, όταν το βιβλίο είναι
κλειστό και ορατή, όταν αυτό είναι ανοικτό.

Ράψιμο σε πέντε εξωτερικούς σπάγγους. Απλά κεφαλάρια, με δύο χρώ-
ματα. Κουφωτή ράχη, σχετικά επίπεδη, με μικρούς ώμους, με πέντε πλατιά
και χαμηλά εξογκώματα (χαρακτηριστικά μιας ρομαντικής κατασκευής).
Τα χαρτόνια είναι σε όλο τους το πάχος. Τα εσώφυλλα συνίστανται από ένα
λευκό δίφυλλο, ραμμένο και στερεωμένο με κόλλα στο βιβλίο κι ένα ζω-
γραφισμένο δίφυλλο, που συνιστά την επένδυση στο εσωτερικό των χαρτο-
νιών και το ελεύθερο φύλλο.

72. ΕΠΙΤΟΜΗ, τῶν εἰς τόν Προφήτην Ἡσαΐαν καταβεβλημένων διαφό-
ρων ἐξηγήσεων ΠΡΟΚΟΠΙΟΥ, Χριστιανοῦ σοφιστοῦ.
**Προετέθησαν καί οἱ τῶν προφητῶν βίοι, ἐκ τῶν ΕΥΣΕΒΙΟΥ τοῦ
ΠΑΜΦΙΛΟΥ. IOANNE CURTERIO interprete. Parisiis, apud Michaelem
Sonnium, 1580.**

Remarkable reproduction of a binding produced for King Henry the III
of France, by Hagué. Its back is richly tooled, so are its sides, with borders
of red and large panel of green, gold and white. Black centers enclose the
royal arms, with skull and cross bones at each angle. Finely engraved silver
clasps and corner pieces.

Sewn on six raised bands. Double end bands sewn in two colors. Rounded
spine. Wooden boards are beveled from inside at head, tail and fore edge.
Gilt gauffered edges richly and beautifully painted in arabesques. End papers
consist of three plain folios, positioned one inside the other and sewn through.

Αξιόλογο αντίγραφο μιας βιβλιοδεσίας, κατασκευασμένης για τον βασι-
λέα Ερρίκο τον 3ο της Γαλλίας, από τον Χαγκέ. Ντυμένη με κόκκινο μαρο-
κινό έχει περίλαμπρη διακόσμηση στη ράχη και τις πλευρές, με κόκκινη
εξωτερική μπορντούρα και μεγάλο τμήμα με πράσινο, χρυσό και άσπρο.
Μαύρα κεντρικά τμήματα περικλείουν το βασιλικό έμβλημα, με μία νε-
κροκεφαλή. Τα ασημένια κλείστρα και οι γωνίες είναι περίτεχνα σκαλισμέ-
να με αραβικά μοτίβα.

Ράψιμο σε έξι εξωτερικούς σπάγγους. Δίχρωμα διπλά κεφαλάρια. Στρογγυ-
λεμένη ράχη. Ξύλινες πλάκες λεπτυσμένες στις επάνω, κάτω κι εμπρός ακμές,
εσωτερικά. Οι ακμές του βιβλίου είναι επιχρυσωμένες και φέρουν διακόσμηση
με εντυπώματα και ζωγραφική σε αραβικά μοτίβα. Τα εσώφυλλα συνίστανται
από τρία δίφυλλα, τοποθετημένα το ένα μέσα στο άλλο και ραμμένα.

73. LUCIAN. Λουκιανοῦ Σαμοσατέως Διάλογοι.
Florence, Laurentinus de Alopa, 1496.

"Two copies in vellum according to the testimony of Brunet. One treasured in the Laurentine Library in Florence, the other was one of the ornaments of the Duke of Marlborough Library at Blenheim. This is the present copy, acquired at the sale of the Sunderland Library in 1881."

"...It has since been bound by Messrs Morrell of London after the designs of J. Gennadius and with tools specially cut for this beautiful piece of work, in dark red Levant morocco. On the sides two broad borders, the first of a quadriple interlaced ribbons, the second of a Greek rolling plate, enclose a field semé alternately with a Gennadius monogramme and rose (his wife's device, Ανθή). In the center, within, a Greek coins, reproduced after the originals in the British Museum. Similarly is the verso cover ornamented with the standing figure of Athéné in the center. The panels on the back are treated in the same style, with the G monogramme in the center of each panel. The inside is doublé in blue morocco with broad borders of red morocco covered with meanders and the Anthemion in gold. Vellum end leaves and gilt edges. Two specially curved gilt bronze clasps representing an athlete holding the sides together. A magnificent specimen of modern binder's work".

Sewn on three linen tapes. "Tranchefile chapiteau" end bands in two colors. A rather tight back, rounded and backed, with five double raised bands. Full thickness boards. Roughly gilt book edges. Quite complicated in their construction endpapers, in two parts. Those, next to the book block, sewn on, consist of a parchment folio, enclosing a plain paper folio. The others, next to the board, sewn on too, consist of a plain paper folio, enclosing a parchment textured paper folio.

Their second leaves are pasted together to form the stiff leaf, basic characteristic of English endpapers up to the present. On the first leaf of the parchment paper, a leather joint has been applied before the fabric that forms the flyleaf. The first leaf of the paper folio plays a protective role in the beginning. Later on, it functions as a board lining.

«Έκδοση δύο αντιτύπων σε περγαμηνή. Σύμφωνα με μαρτυρία του Brunet, ένα ευρίσκεται στην Λαυρεντιανή Βιβλιοθήκη της Φλωρεντίας και το δεύτερο, δηλαδή το παρόν αντίτυπο, ανήκε στην Βιβλιοθήκη του Δούκα του Μάρλμπορoου κι αποκτήθηκε στην δημοπρασία της Βιβλιοθήκης Σάντερλαντ, το 1881».

«...Ήταν τότε, που δέθηκε στους Μορρέλ του Λονδίνου. Την βιβλιοδεσία σχεδίασε ο Ιωάννης Γεννάδιος. Ειδικά εργαλεία κατασκευάστηκαν γι'αυτό το όμορφο έργο. Ντύθηκε με βαθύ κόκκινο, Λεβάντι μαροκινό δέρμα. Και στις δύο πλευρές του καλύμματος δύο πλατιές μπορντούρες, η πρώτη από τέσσερις περιπλεγμένες λωρίδες, η δεύτερη από ένα ελληνικό μοτίβο, περικλείουν ένα έμβλημα, με το μονόγραμμα του Γενναδίου σε εναλλαγή με ένα ρόδο (εμπνευσμένο από την σύζυγό του, Ανθή). Στο κέντρο της εμπρός πλευράς ένα ελληνικό νόμισμα, αντίγραφο από πρωτότυπα του Βρε-

τανικού Μουσείου. Αντίστοιχα στο κέντρο της πίσω πλευράς μία όρθια Αθηνά. Τα δια-στήματα της ράχης έχουν όμοια διακοσμηθεί και φέρουν το μονόγραμμα G στο μέ-σον τους. Το εσωτερικό των χαρτονιών έχει επένδυση από μπλε μαροκινό, που περι-βάλλεται από πλατιά γυρίσματα του δέρματος, με χρυσή διακόσμηση, με μαιάνδρους και ένα ανθέμιο. Έχει εσώφυλλα από περγαμηνή και οι ακμές των φύλλων είναι χρυσωμένες. Δύο, ειδικά σκαλισμένα, επίχρυσα μπρούτζινα κλείστρα, απεικονίζουν έναν αθλητή νά κρατά τα δύο καπάκια μεταξύ τους. Ένα μεγαλειώδες δείγμα σύγ-χρονης βιβλιοδεσίας».

Ράψιμο σε τρεις λινές ταινίες. Γαλλικά κεφαλάρια με δύο χρώματα. Σχε-τικά συμπαγής ράχη με πέντε διπλά εξογκώματα, στρογγυλεμένη και σφυ-ρισμένη. Τα χαρτόνια είναι σε όλο τους το πάχος. Αδρά επιχρυσωμένες οι ακμές του βιβλίου. Αρκετά σύνθετη η κατασκευή των εσωφύλλων σε δύο τμή-ματα. Το πρώτο εφάπτεται του βιβλίου. Είναι ραμμένο και συνίσταται από ένα δίφυλλο περγαμηνής, που περικλείει ένα δίφυλλο χαρτιού. Το δεύτε-ρο, εφάπτεται στο χαρτόνι, είναι ραμμένο και συνίσταται από ένα δίφυλλο χαρτιού, που περικλείει ένα δίφυλλο περγαμηνόχαρτο. Τα δεύτερα φύλλα αυτών των δίφυλλων κολλώνται μεταξύ τους και σχηματίζουν το σκληρό φύλ-λο, χαρακτηριστικό των εσωφύλλων μιας αγγλικής κατασκευής ως τις μέρες μας. Στο πρώτο φύλλο του περγαμηνόχαρτου εφαρμόζονται πρώτα ο δερ-μάτινος αρμός κι έπειτα ύφασμα, που αποτελεί το ελεύθερο φύλλο. Το πρώ-το φύλλο του χαρτιού λειτουργεί αρχικά σαν προστασία κι αργότερα ως επέν-δυση στο εσωτερικό των χαρτονιών.

20th CENTURY
20ος ΑΙΩΝΑΣ

Two bindings, dated the first decade of 20th Century, have been selected to close the circle of this exhibition. The first, an English cloth binding, bears the Gennadius stamp and the second is an exceptional, French miniature with an ivory cover. Their technical qualities are mixed. It is worth mentioning in particular the end papers of the first and the silk details of the second. They are both representative aesthetic specimens of their time, a farewell to the past Century rather, than a welcome to the new.

Δύο βιβλιοδεσίες της πρώτης δεκαετίας του 20ου αιώνα κλείνουν τον κύκλο αυτής της έκθεσης. Η πρώτη, αγγλική από ύφασμα, με την σφραγίδα του Γενναδίου, η δεύτερη μία εξαιρετική γαλλική μινιατούρα από ελεφαντοστό. Και οι δύο χαρακτηριστικά δείγματα της αισθητικής της εποχής τους. Τα τεχνικά τους στοιχεία είναι ανάμικτα. Αξίζει η αναφορά στο εσώφυλλο της αγγλικής, αλλά και στις μεταξωτές λεπτομέρειες τής γαλλικής. Και οι δύο βιβλιοδεσίες αποτελούν περισσότερο αποχαιρετισμό στον προηγούμενο αιώνα παρά καλωσόρισμα του επερχόμενου.

74. PETRONIUS. Pétrone. La matrone d'Ephèse. Paris, 1911.

English binding, covered in gold patterned fabric. On the recto cover a circular panel bears the title of the book in gold. On the verso cover a smaller one bears Gennadius stamp.

Sewn on five recessed cords, without end bands. It has a tight back, rounded and backed. Boards are of a full thickness. Gilt head edge. End papers consist of two plain folios one inside the other, tipped on book. They enclose a gold textured paper folio, adhered to the second leaf of the inner folio and thus forming the stiff leaf. A leather joint first and then a silk fly leaf are applied on the first leaf of the gold patterned folio. After the leather inner joint is succeeded, a strip of the covering fabric is laid on top of it. This strip and the turn ins form a frame, enclosing the inlaid pastedown, of a fabric different from the cover.

Αγγλική βιβλιοδεσία, από ύφασμα με χρυσά σχέδια. Στη εμπρός πλευρά ένα κυκλικό τμήμα φέρει τον τίτλο του βιβλίου εντυπωμένο με χρυσό. Στην οπίσθια πλευρά ένα μικρότερο φέρει την σφραγίδα του Γενναδίου.

Ραμμένη σε πέντε εσωτερικούς σπάγγους, χωρίς κεφαλάρια. Έχει εφαρμοστή ράχη, στρογγυλεμένη και σφυρισμένη. Τα χαρτόνια διατηρούν όλο τους το πάχος. Η επάνω ακμή είναι επιχρυσωμένη. Τα εσώφυλλα αποτελούνται από δύο απλά δίφυλλα το ένα μέσα στο άλλο, στερεωμένα με κόλλα στο βιβλίο. Περικλείουν ένα δίφυλλο με υφή χρυσού, που επικολλάται στο δεύτερο φύλλο του εσωτερικού δίφυλλου και σχηματίζει το σκληρό φύλλο. Αρχικά ένας δερμάτινος αρμός κι έπειτα ένα μεταξωτό ελεύθερο φύλλο εφαρμόζονται στο πρώτο φύλλο του δίφυλλου με την χρυσή υφή. Μετά την επίτευξη της εσωτερικής δερμάτινης σύνδεσης, μία λωρίδα από το ύφασμα του καλύμματος την καλύπτει. Αυτή μαζί με τα γυρίσματα διαμορφώνουν ένα πλαίσιο, που περικλείει ένθετη την επένδυση των χαρτονιών, από ύφασμα διαφορετικό από εκείνο του καλύμματος.

75. Sursum corda. Recueil de prières usuelles... Turnhout, 1900.

Miniature binding of French origin, simplified structured, with ivory spine and sides, with gold relief decoration and one ivory clasp. Spine is covered in silk.

It has not been possible to determine the number of recessed cords the book is sewn on (possibly three). Machine-made end bands, in ivory color. Tight back. Gilt book edges. Endpapers consist of a plain folio, sewn through. A cloth joint, of the same as the spine covering material, is applied before a moiré textured paper flyleaf. Moiré textured paper pastedowns.

Γαλλικής προέλευσης μινιατούρα-βιβλιοδεσία, απλοποιημένης κατασκευής, με ράχη και πλευρές από ελεφαντοστό, ανάγλυφη διακόσμηση και ένα κλείστρο από ελεφαντοστό. Η ράχη είναι καλυμμένη με μετάξι.

Δεν είναι εύκολη η αναγνώριση του αριθμού των εσωτερικών σπάγγων, που πάνω τους έχει ραφτεί το βιβλίο (ίσως τρεις). Τα κεφαλάρια είναι πλεγμένα στη μηχανή, σε χρώμα ελεφαντοστού. Η ράχη είναι εφαρμοστή. Οι ακμές των φύλλων είναι επιχρυσωμένες. Τα εσώφυλλα αποτελούνται από ένα απλό δίφυλλο, ραμμένο. Ένας αρμός από το ίδιο υλικό με αυτό της ράχης εφαρμόζεται πριν το ελεύθερο φύλλο, που αποτελείται, όπως και η επένδυση στο εσωτερικό του καλύμματος, από χαρτί με μεταξωτή υφή.

EPILOGUE – a case study.
ΕΠΙΛΟΓΟΣ – μία βιβλιοδεσία, παράδειγμα προς μελέτη.

Last but by no means least of all the bindings presented in this exhibition comes from the collection of Lord Vernon, one of the most famous book collectors of early 19th century. This binding could be dated a 19th century, because of its spine formation and its end bands. In 20th century terminology, this kind of structure is called "simplified binding". Sün Evrard and Philip Smith, two contemporary binders whose work somehow has been inspired by this style, are not familiar with its early history. According to Philip Smith himself, it was the eminent British binder Roger Powel, who used and taught this technique.

It would be immensely interesting for all contemporary users of the style, if it could be proved that this binding belongs to 16th century and that its original structural characteristics have been drastically changed during major repairs. This possibility is suggested by the fact that the hollow is of a brand new paper and the end bands look brand new too. Besides the edge decoration and the structure of end papers are of a 16th century style. The bookplate on the flyleaf with initials WV and the motto "Vernon semper viret" could very well belong to William Vernon (1434-before 1507) if not to Lord Vernon himself.

Our research on the history of this binding will continue. But whether the binding is 16th century or 19th century, its complex design is admirable for its impressive concept so different from the fashion of both centuries.

Η τελευταία των βιβλιοδεσιών αυτής της έκθεσης προέρχεται από την συλλογή του Λόρδου Βέρνον, εξέχοντα Άγγλου συλλέκτη των αρχών του αιώνα. Συμπεραίνουμε, ότι ίσως πρόκειται για αγγλική βιβλιοδεσία και μπορεί να ανήκει στον 19ο αιώνα, από τη μορφοποίηση της ράχης και τα κεφαλάρια. Την κατασκευή της βιβλιοδεσίας, στη σύγχρονη ορολογία, θα ονομάζαμε «απλοποιημένη βιβλιοδεσία». Η Σούν Εβράρ και ο Φίλιπ Σμίθ, δύο σύγχρονοι βιβλιοδέτες, που μέρος της δουλειάς τους έχει επηρεαστεί από αυτό το είδος, δεν γνωρίζουν αν η κατασκευή αυτή έχει αρχαιότερη ιστορία. Κατά την τρέχουσα μαρτυρία του Φίλιπ Σμίθ πρόκειται για ένα είδος, που εφάρμοζε και δίδασκε ο περίφημος Άγγλος βιβλιοδέτης Ρότζερ Πάουελ.

Θα αποτελούσε εκπληκτικό εύρημα για τους σύγχρονους χρήστες αυτής της τεχνικής, αν αποδεικνυόταν, πως η βιβλιοδεσία ανήκει στον 16ο αιώνα και έχουν απλά αλλοιωθεί τα τεχνικά της χαρακτηριστικά, εξ αιτίας κάποιας επιδιορθωτικής παρέμβασης. Την πιθανότητα ενισχύει το γεγονός, ότι τα υλικά της κουφωτής ράχης φαίνονται καινούργια, όπως και το πλέξιμο των κεφαλαριών. Επίσης η διακόσμηση των ακμών του βιβλίου και η κατασκευή του εσωφύλλου, είναι χαρακτηριστικά του 16ου αιώνα.

Το βιβλιόσημο με τα αρχικά WV και το μότο "Vernon semper viret" θα μπορούσαν κάλλιστα νά ανήκουν στον Γουίλιαμ Βέρνον (1434 – πριν το 1507), αν όχι στο ίδιο τον Λόρδο Βέρνον.

Η έρευνα για την ιστορική τεκμηρίωση αυτής της βιβλιοδεσίας θα συνεχιστεί. Δεν κρύβουμε τον θαυμασμό μας, ωστόσο, για μία τόσο σύνθετη επινόηση, που επιτεύχθηκε σε μία εντελώς διαφορετική ατμόσφαιρα, ανεξάρτητα αν αυτή ήταν του 16ου ή του 19ου αιώνα.

76. MANUEL CHRYSOLORAS. Erotemata Guarini cum multis additamentis et cum commentariis Latinis (edente J.M. Tricaelio). Impressum Ferrariae, 1509.

This is a binding, combination of exceptional techniques, elaborated in gold tooling. It belonged to Lord Vernon, a famous book collector in early 19th century and bears a bookplate with the arms of his family and the initials W.V.

End papers consist of a plain folio and a parchment joint, sewn through. A marbled sheet is applied as a flyleaf without folding around the folio. The book is sewn on four recessed cords. Book edges are gilt and gauffered. Its "tranchefile chapiteau" end bands are sewn in two colors. It has a rounded spine with a hollow, which is separately covered in leather.

Its split boards are of a special making. The outer are thicker than the inner and they appear in the form of a frame, as their central oblong part has been trimmed off. They are covered in leather. The inner, made of card, bear doublures, formed of a leather, gold tooled cover from a 16th century binding. The book block is attached to the boards, with the spine leather and the parchment joint inserted in the splits. In the concave, formed on the sides, there is an inlaid decoration of scale pattern.

Πρόκειται για μία βιβλιοδεσία – συνδυασμό εξαιρετικών τεχνικών, με λαμπρή χρυσή διακόσμηση. Ανήκε στον Λόρδο Βέρνον, περιώνυμο Άγγλο συλλέκτη βιβλίων στις αρχές του 19ου αιώνα, και φέρει βιβλιόσημο με το οικόσημο της οικογένειάς του και τα αρχικά W.V.

Τα εσώφυλλα αποτελούνται από ένα δίφυλλο με αρμό περγαμηνής, ραμμένα μαζί. Ένα φύλλο μαρμαρόκολλας εφαρμόζεται σαν ελεύθερο φύλλο, δίχως να αναδιπλώνεται γύρω απ' το δίφυλλο. Το βιβλίο είναι ραμμένο σε τέσσερις εσωτερικούς σπάγγους. Οι ακμές του βιβλίου είναι επιχρυσωμένες και φέρουν εντυπώματα. Τα γαλλικού τύπου κεφαλάρια είναι πλεγμένα σε δύο χρώματα. Έχει στρογγυλεμένη και σφυρισμένη κουφωτή ράχη, που καλύπτεται με δέρμα χωριστά.

Τα διπλά της χαρτόνια σχηματίζουν σχισμή - εσοχή και είναι ειδικής κατασκευής. Τα εξωτερικά είναι παχύτερα από τα εσωτερικά και εμφανίζονται υπό μορφή πλαισίου, καθώς ένα κεντρικό ορθογώνιο παραλληλόγραμμο τμήμα έχει αποκοπεί. Είναι καλυμμένα με δέρμα. Τα εσωτερικά, από πολύ λεπτό χαρτόνι, φέρουν εσωτερική επένδυση, που πρόκειται για το δερμάτινο κάλυμμα ιταλικής βιβλιοδεσίας του 16ου αιώνα με χρυσή διακόσμηση. Η σύνδεση του σώματος του βιβλίου με τα χαρτόνια επιτυγχάνεται με την εισαγωγή του δέρματος της ράχης και του αρμού περγαμηνής στη σχισμή ανάμεσά τους.

Μέσα στις κοιλότητες, που σχηματίζονται στις πλευρές, έχει τοποθετηθεί φολιδωτό διακοσμητικό ένθετο.

LIST OF ILLUSTRATIONS / ΠΙΝΑΚΑΣ ΕΙΚΟΝΩΝ

1. A rare specimen of Aldine Bindings.
   Σπάνια Αλδινή βιβλιοδεσία.

2. 16th Century German alum-tawed pigskin binding.
   Γερμανική βιβλιοδεσία του 16ου αιώνα από δέρμα χοίρου,
   κατεργασμένο με άλατα αλουμινίου.

3. 16th Century French Limp alum-tawed pigskin binding.
   Γαλλική Λιμπ βιβλιοδεσία του 16ου αιώνα από δέρμα
   χοίρου, κατεργασμένο μέ άλατα αλουμινίου.

4. 16th Century Italian Limp binding, covered in painted vellum.
   Ιταλική Λιμπ βιβλιοδεσία του 16ου αιώνα, από ζωγραφισμένη
   περγαμηνή.

5. 16th Century Venetian binding.
   Βενετσιάνικη βιβλιοδεσία του 16ου αιώνα.

6. 16th Century Original French Lyonese binding.
   Αυθεντική Γαλλική Λυοναΐζ βιβλιοδεσία του
   16ου αιώνα.

7. French binding by Clovis Eve.
   Γαλλική βιβλιοδεσία του Κλοβίς Ηβ.

8. 17th Century "Cloisonné" binding.
   Βιβλιοδεσία «Κλουαζονέ» του 17ου αιώνα.

9. 18th Century English binding with dentelle borders.
   Αγγλική βιβλιοδεσία του 18ου αιώνα με δαντελωτές μπορντούρες.

10. 18th Century Italian armorial binding.
    Ιταλική βιβλιοδεσία με έμβλημα του 18ου αιώνα.

11. 18th Century Islamic binding.
    Ισλαμική βιβλιοδεσία του 18ου αιώνα.

12. 19th Century Greek monastic binding.
    Ελληνική μοναστηριακή βιβλιοδεσία του 19ου αιώνα.

13. English binding by Riviere.
    Αγγλική βιβλιοδεσία του Ριβιέρ.

14. 19th Century German binding with silversmith's work.
    Γερμανική βιβλιοδεσία του 19ου αιώνα
    με αργυροχρυσοχοϊκά στοιχεία.

15. 20th Century French ivory miniature binding.
    Βιβλιοδεσία μινιατούρα του 20ου αιώνα από ελεφαντοστό.

16. Exceptional binding of mixed techniques,
    undefined origin and date.
    Εξαιρετική βιβλιοδεσία μικτών τεχνικών,
    απροσδιόριστης προέλευσης και χρονολογίας.

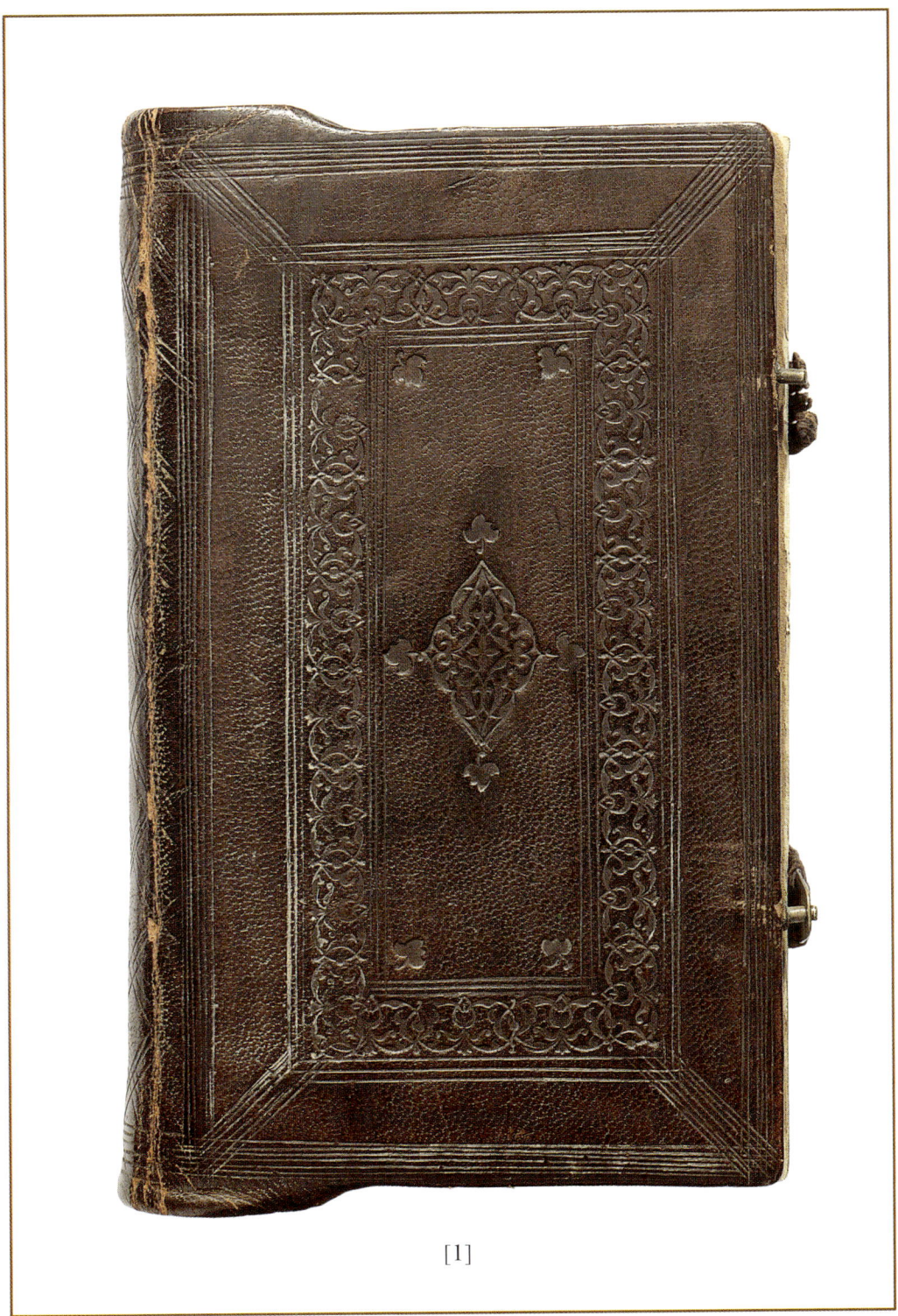

[1]

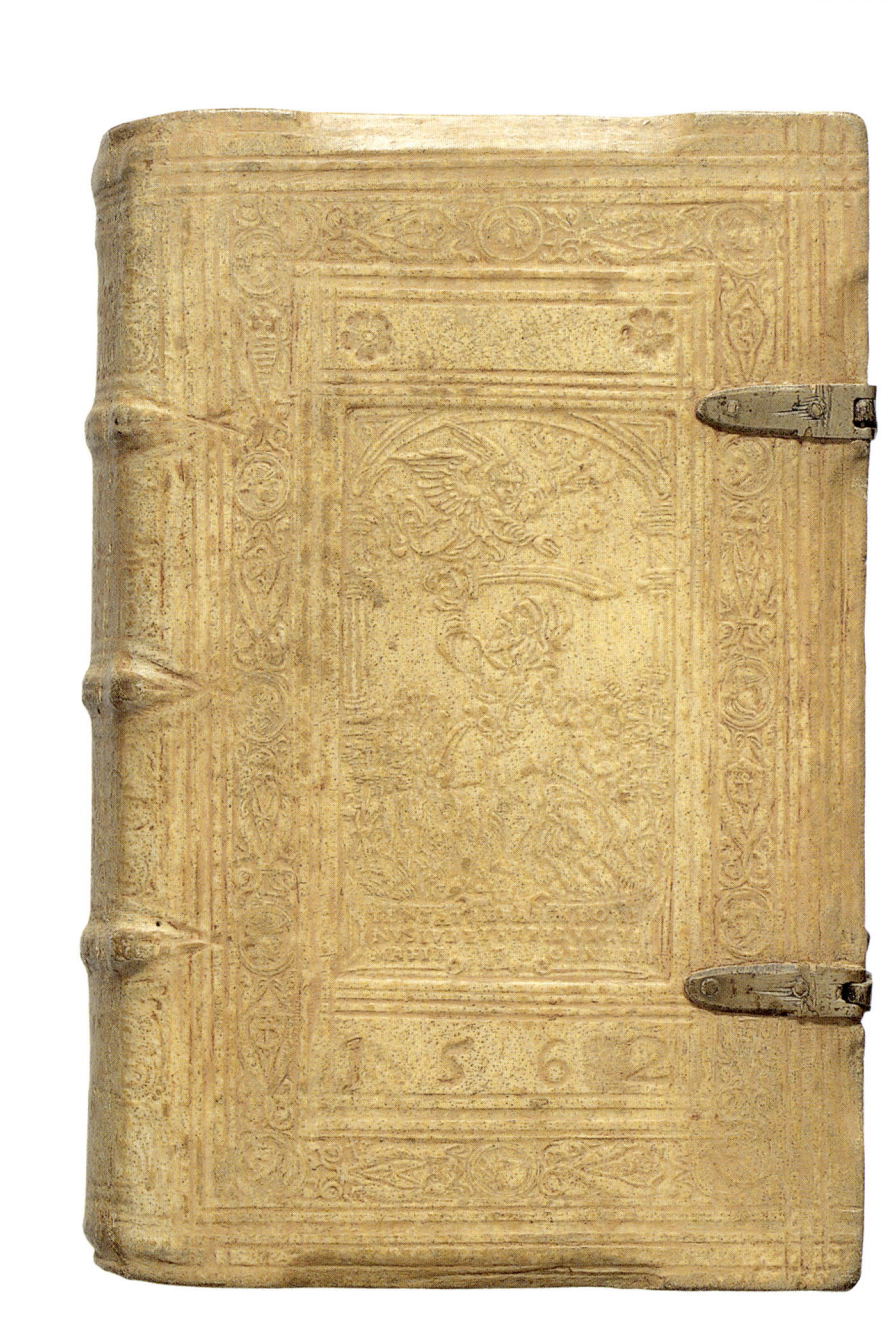

[2]

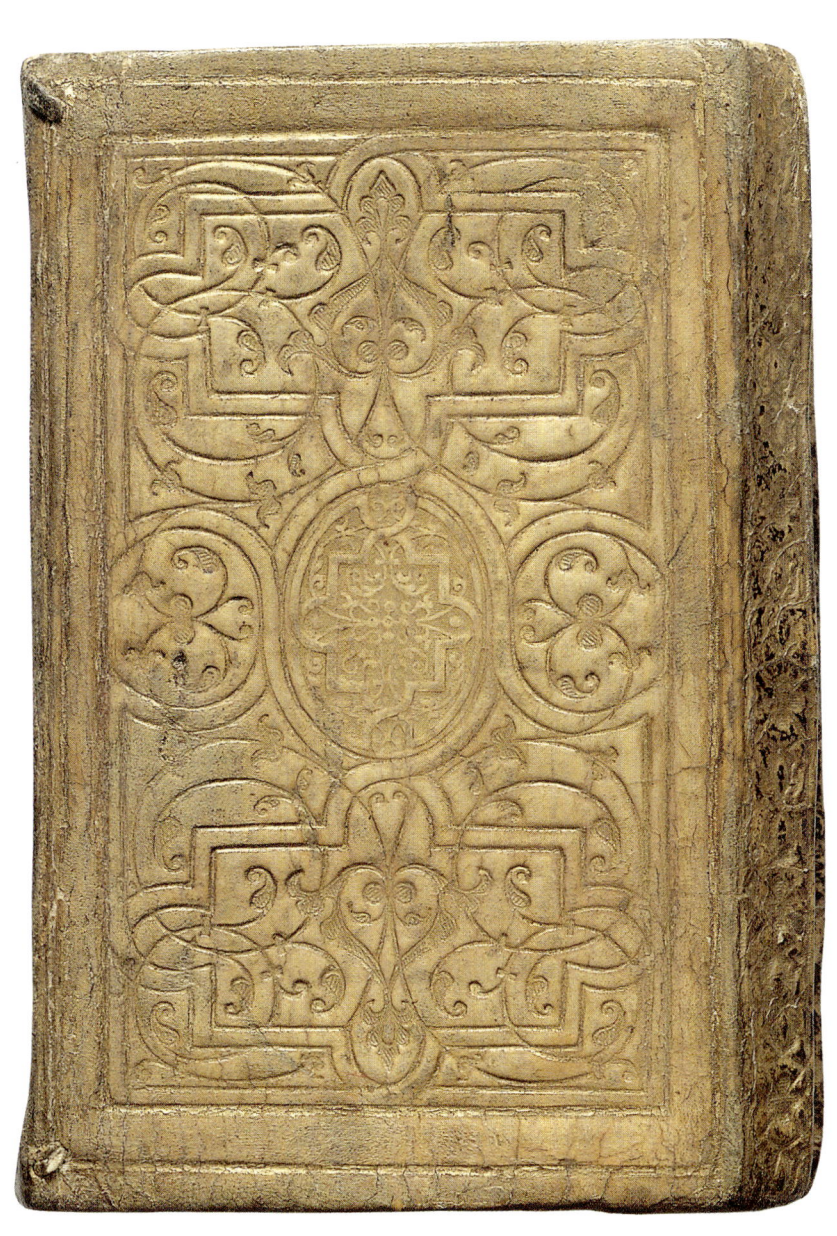

[3]

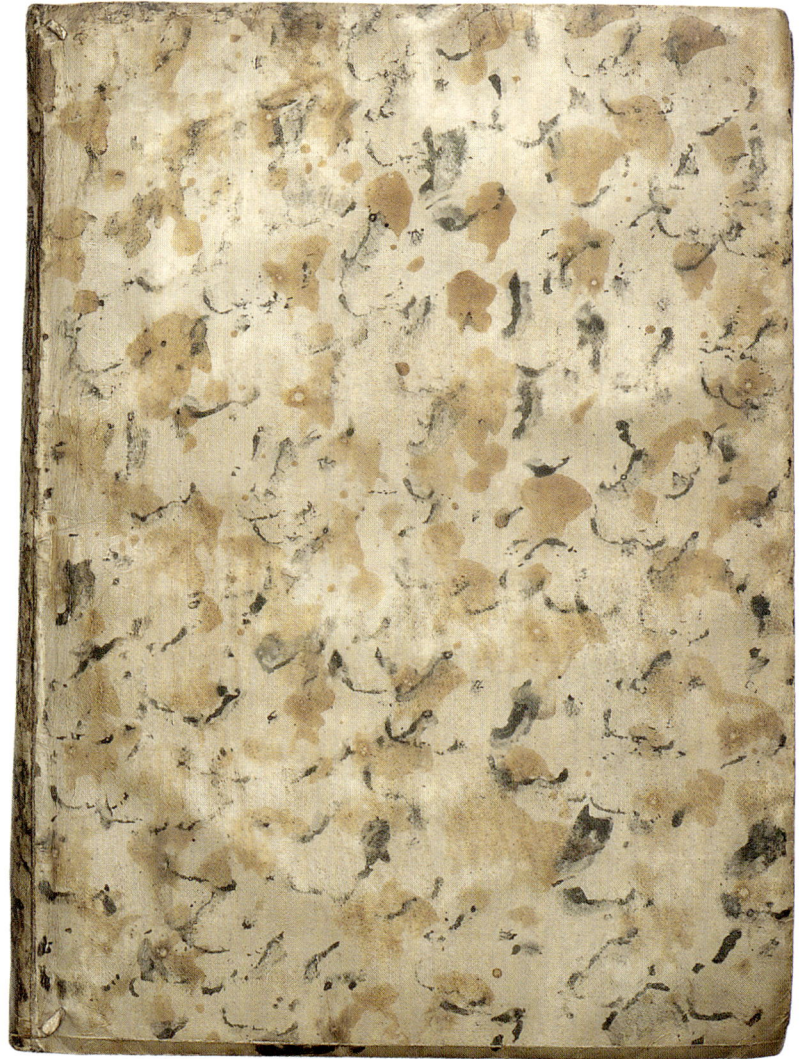

[4]

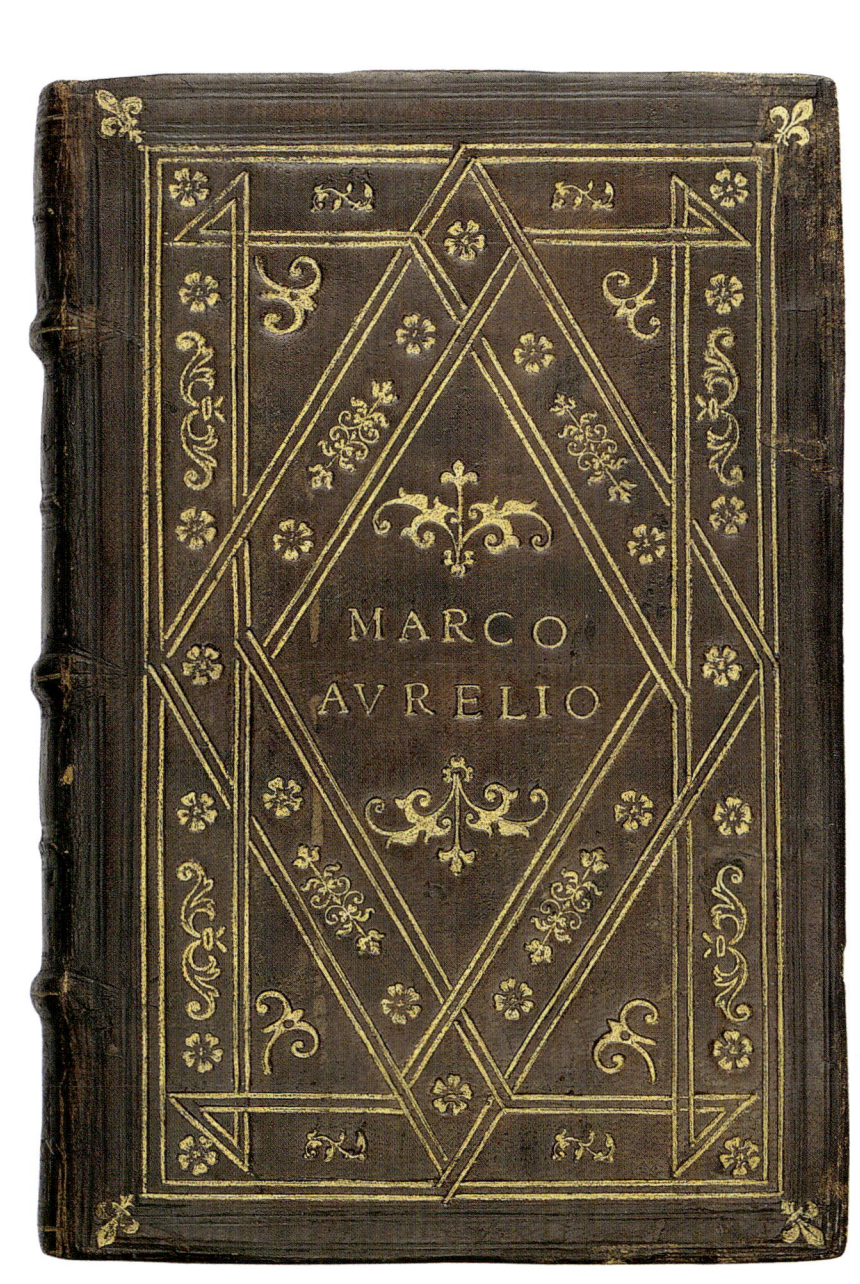

[5]

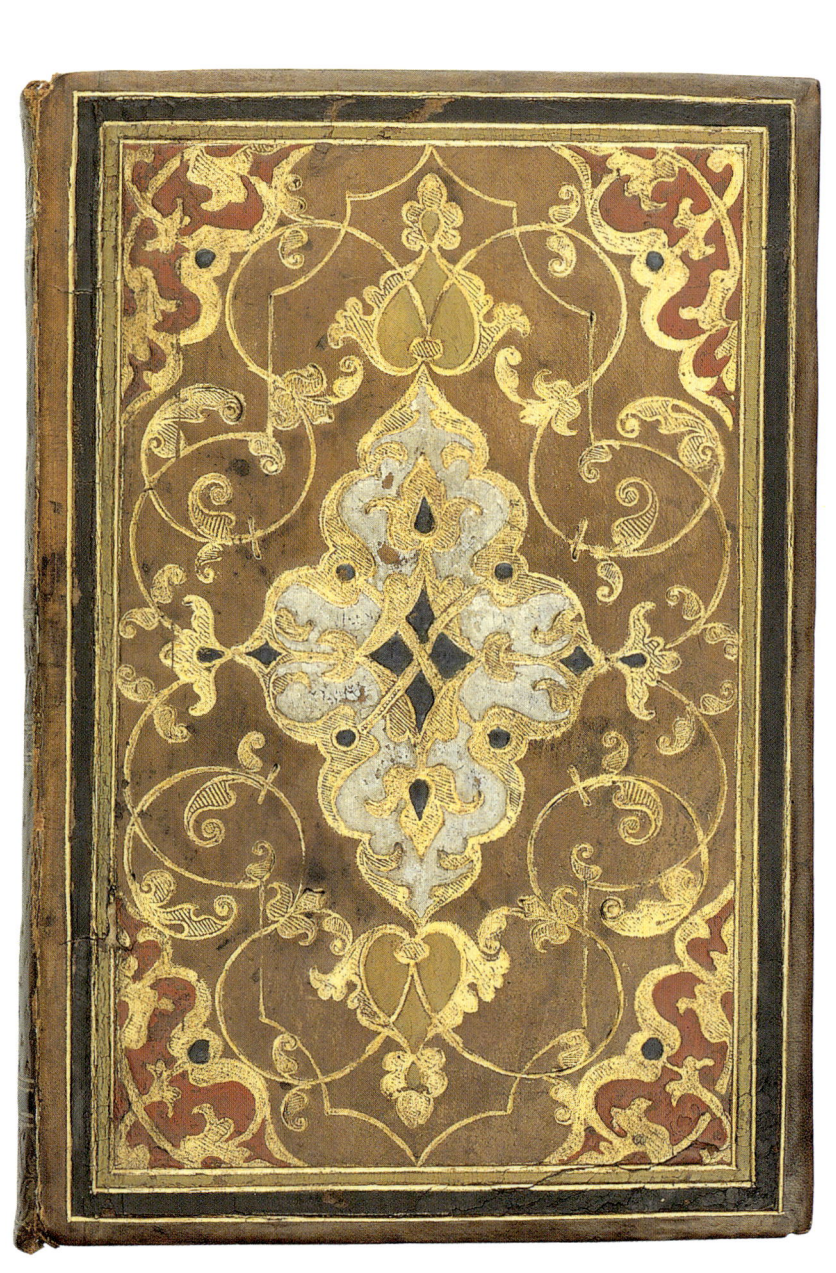

[6]

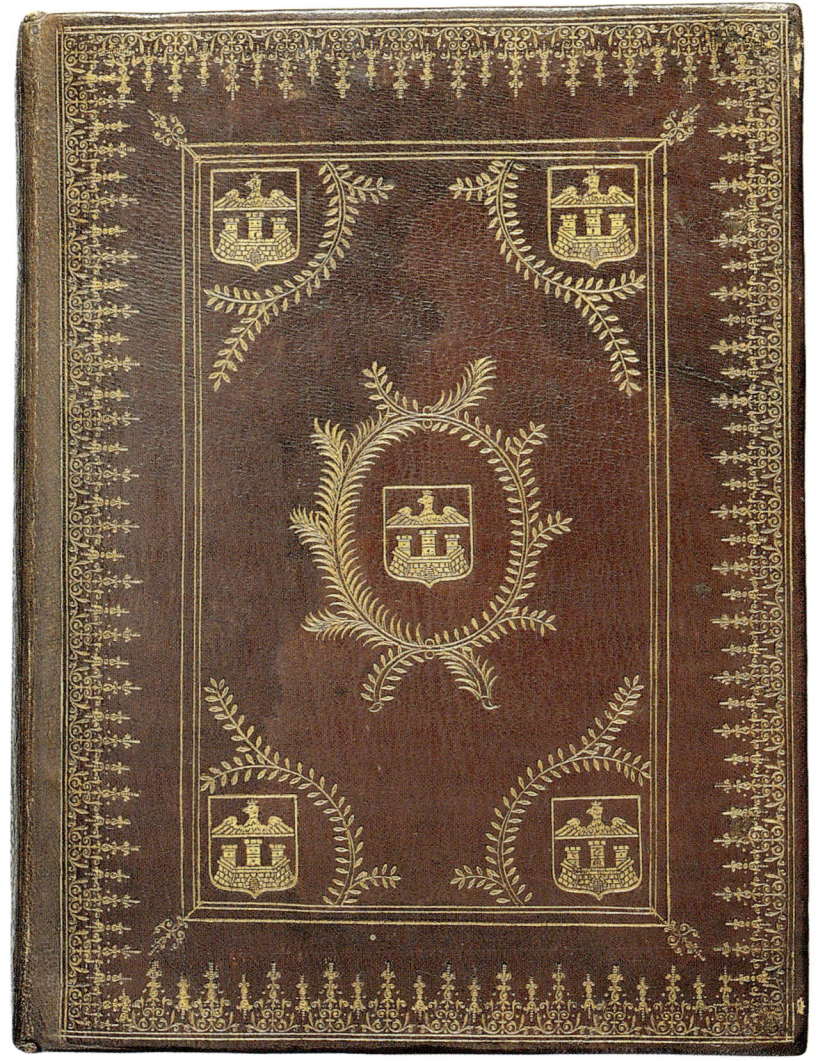

[7]

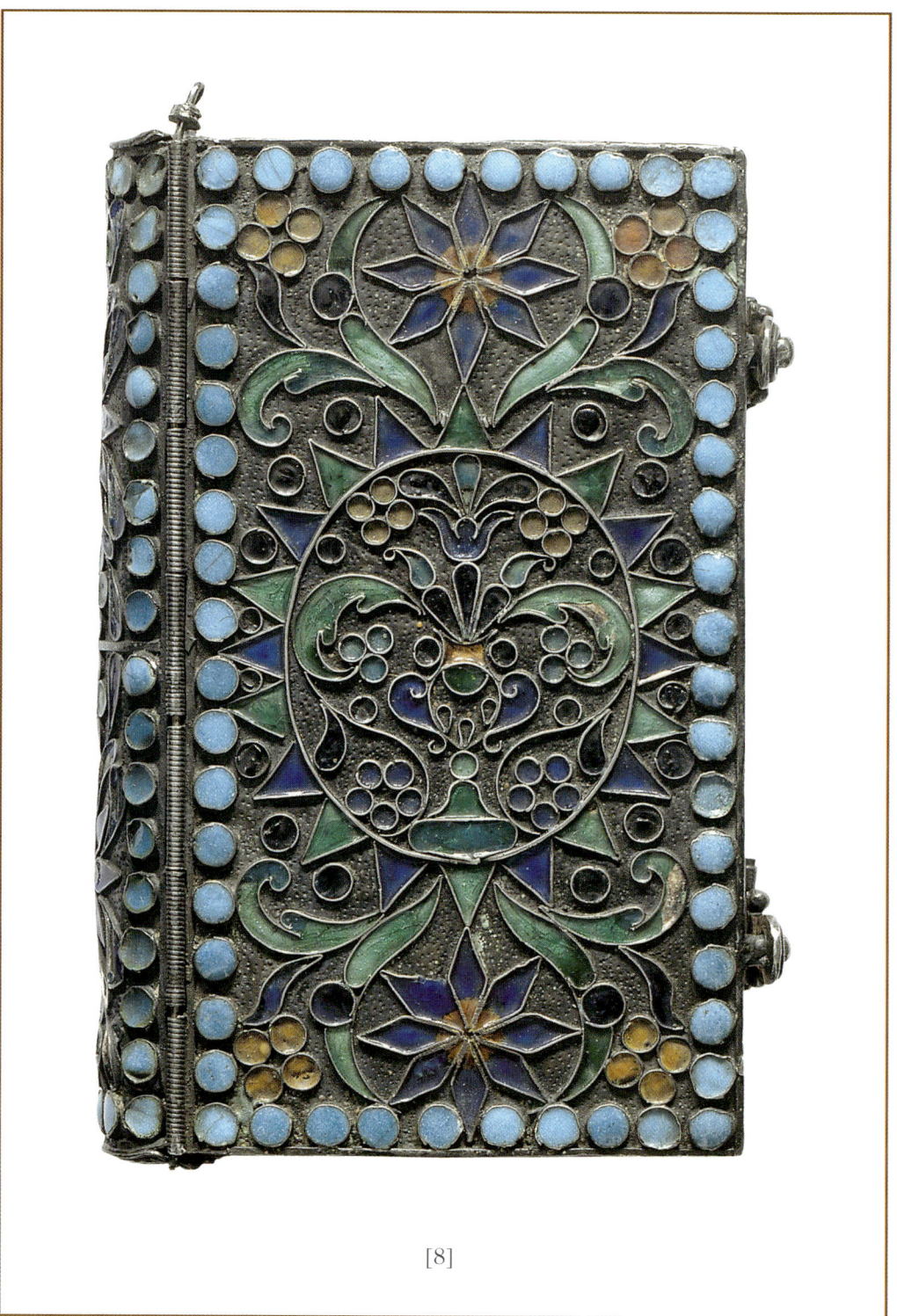

[8]

[9]

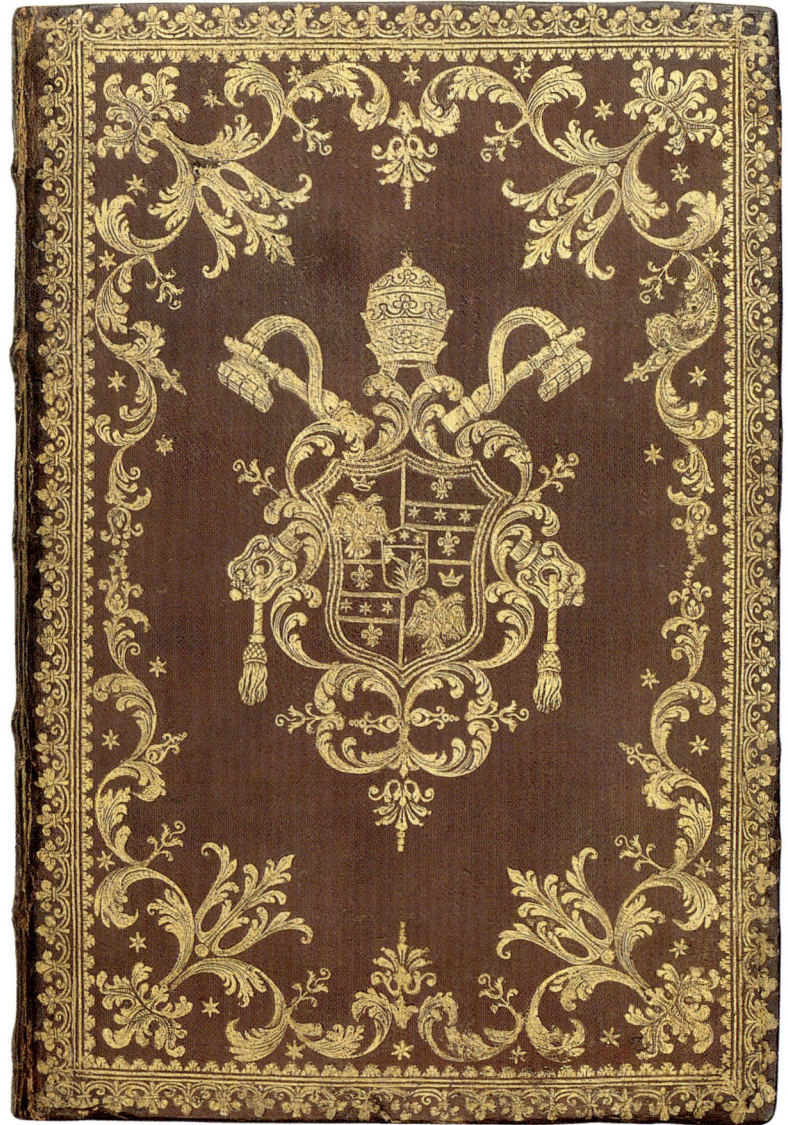

[10]

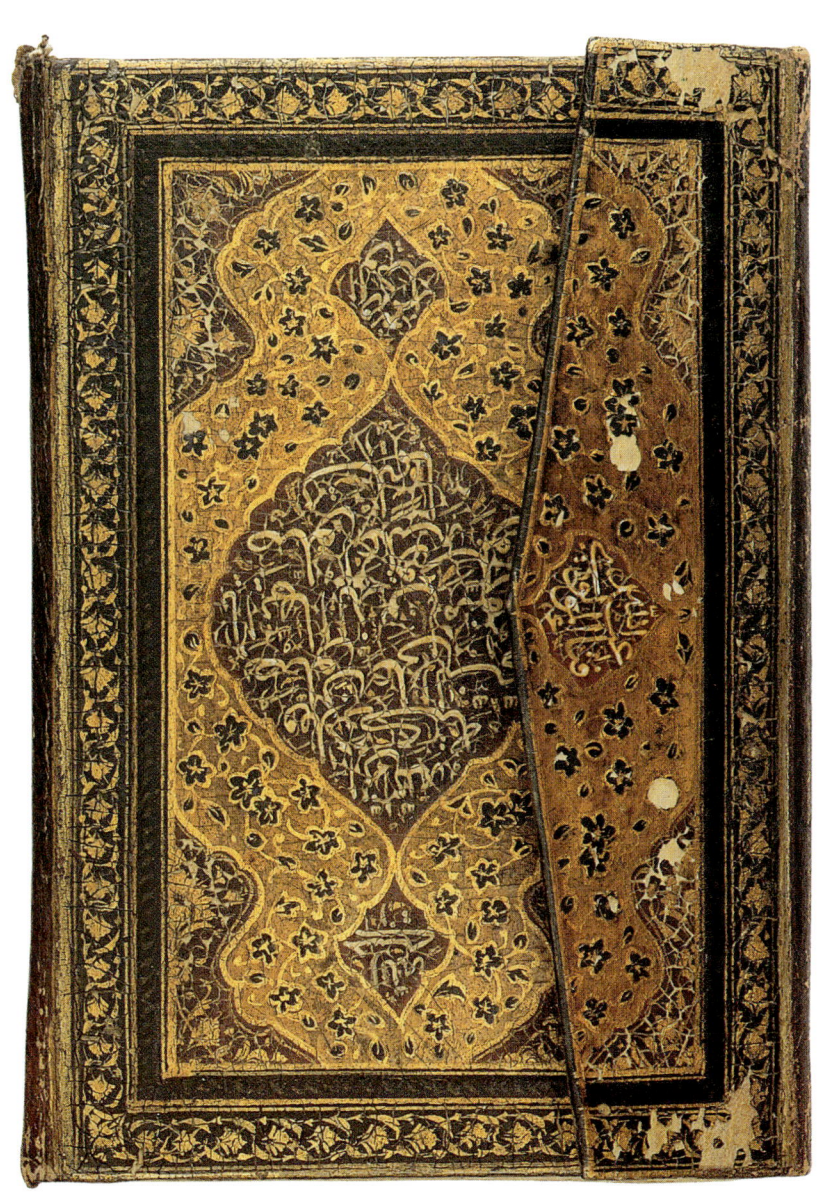

[11]

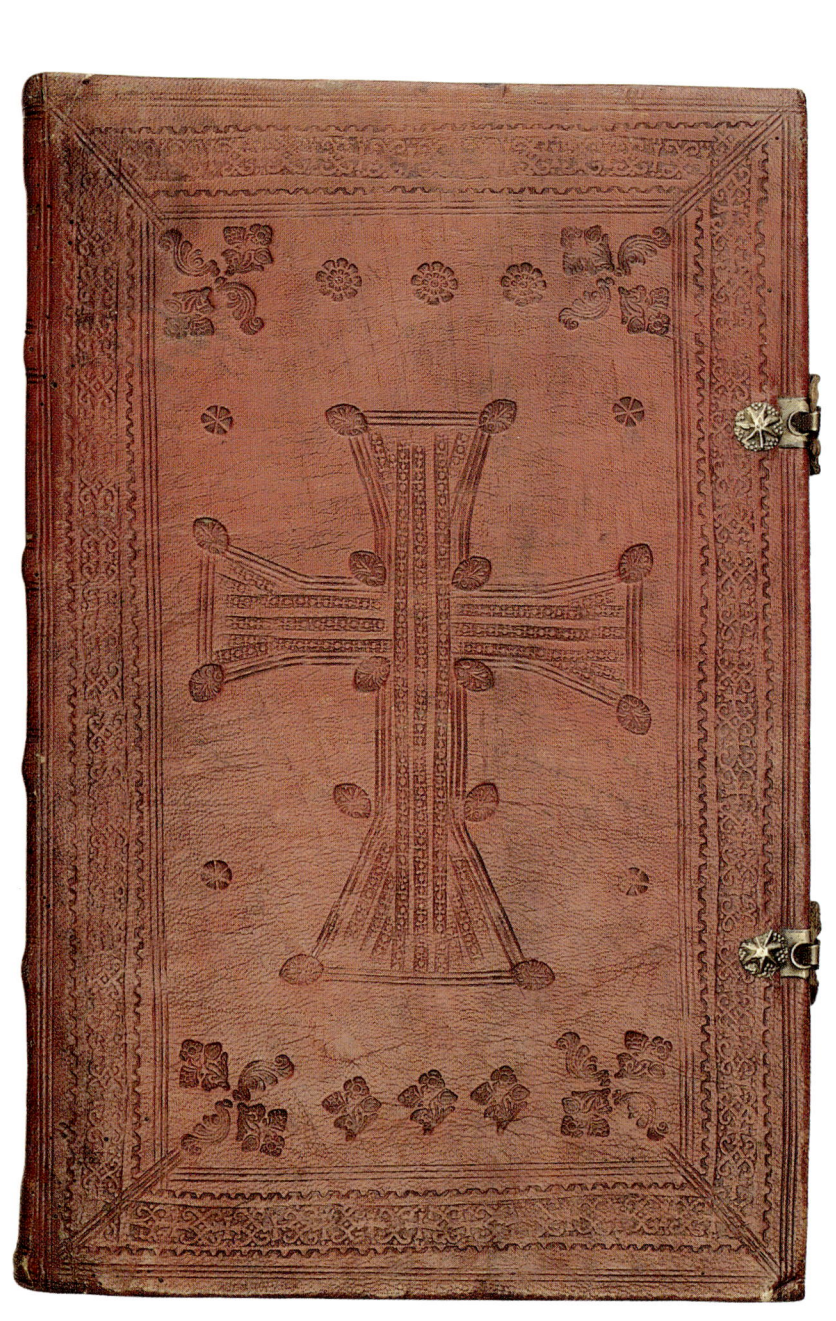

[12]

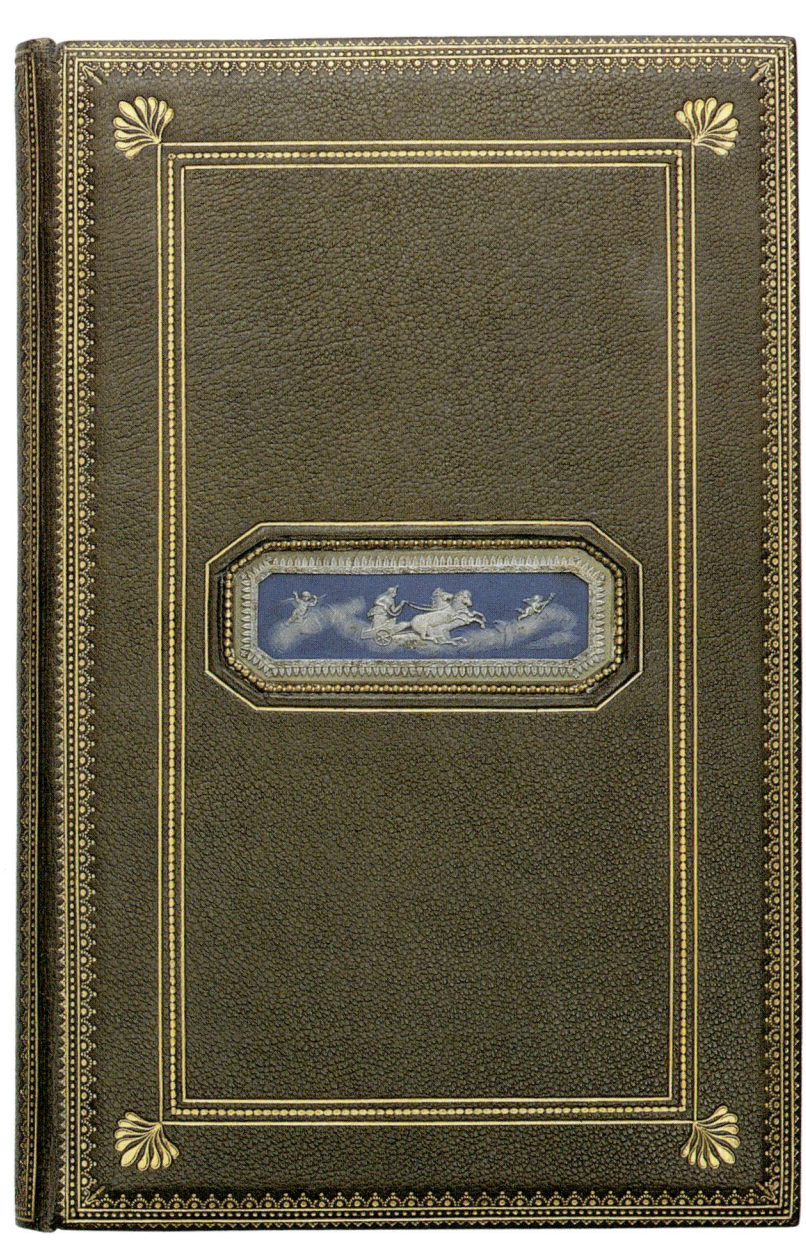

[13]

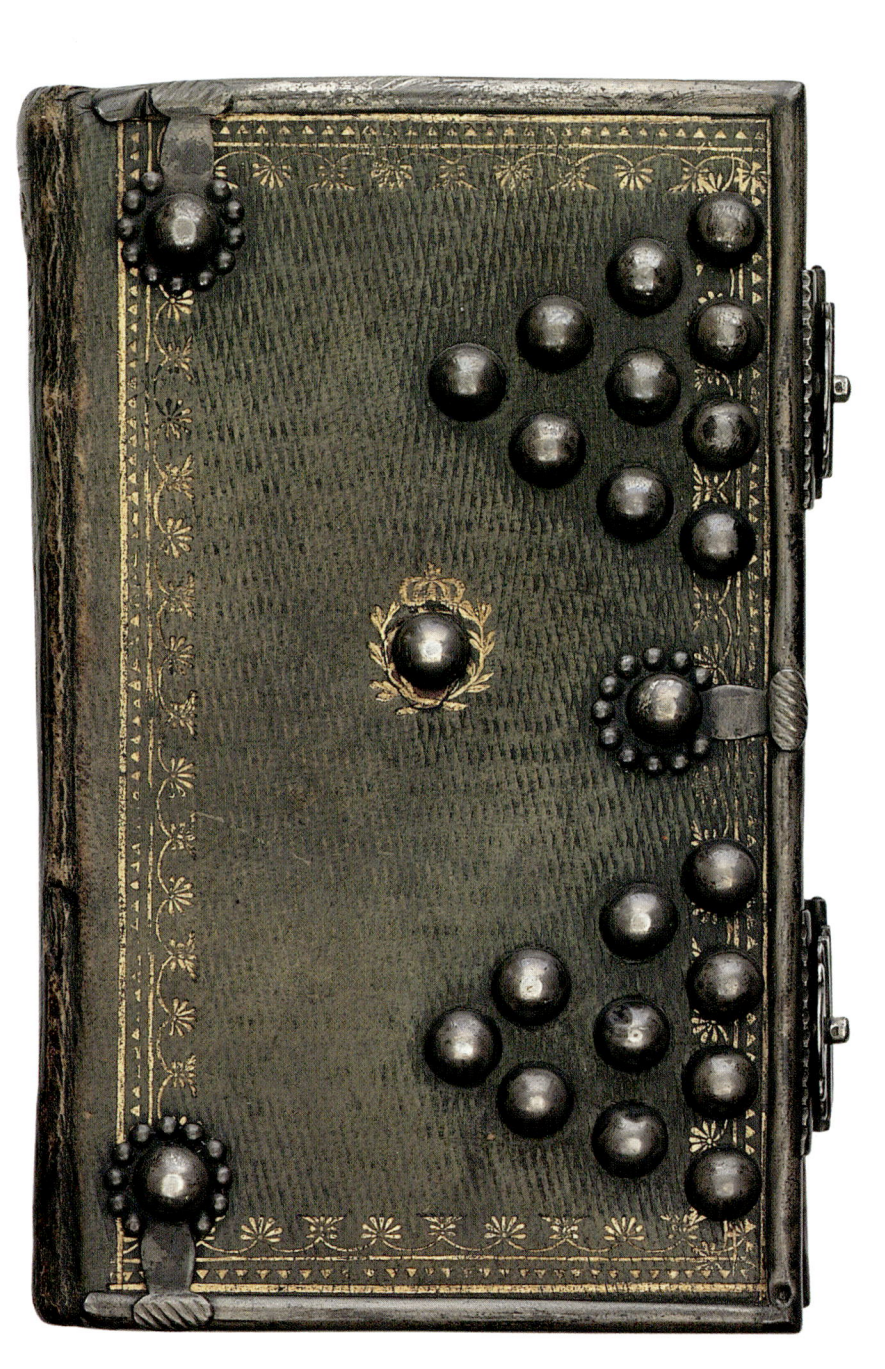

[14]

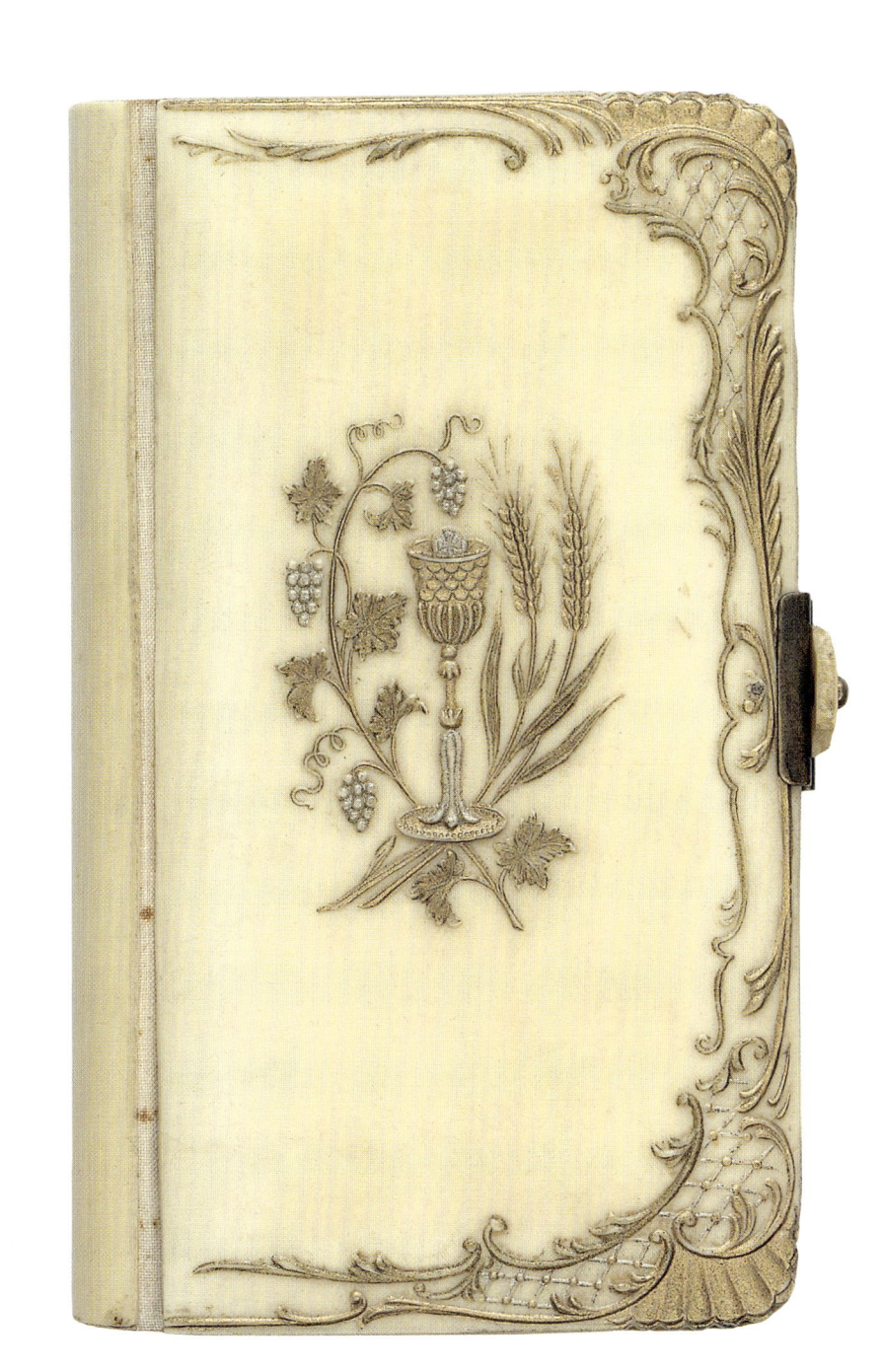

[15]

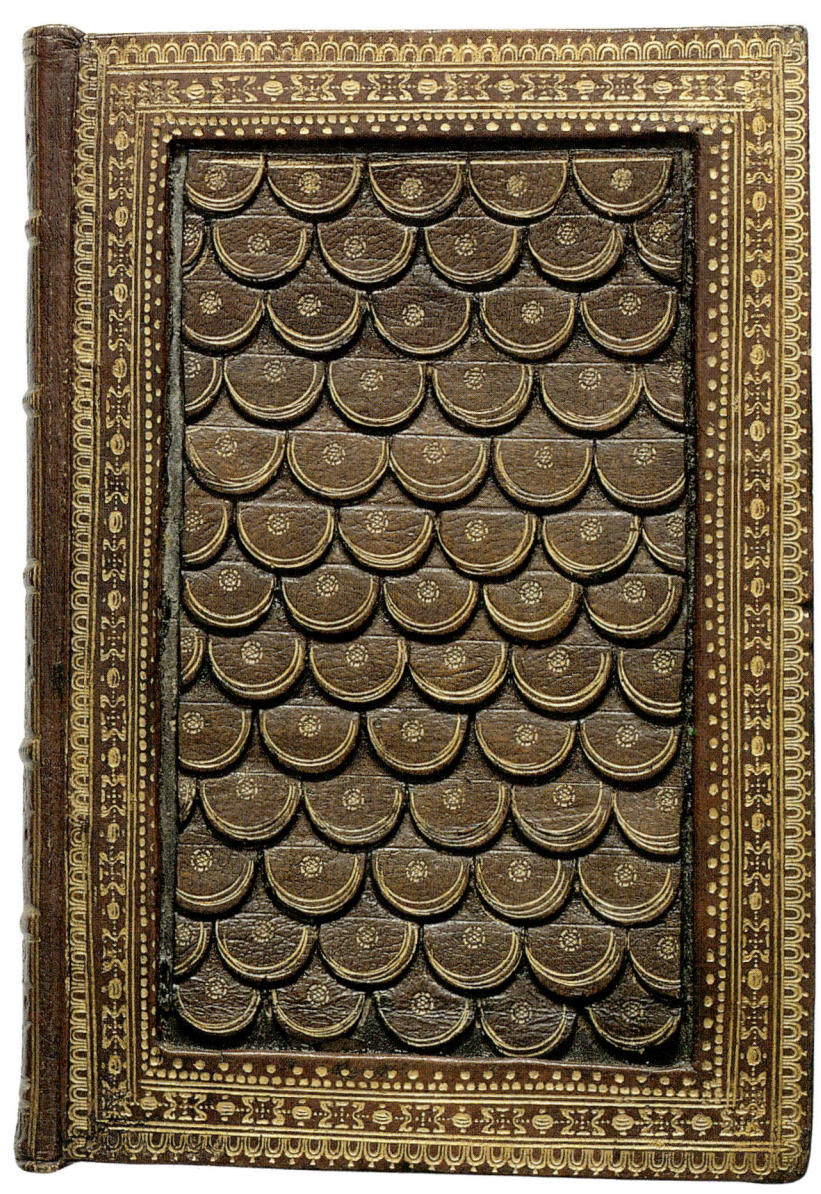

[16]

GLOSSARY

Aldine bindings. The style of bindings originated by Aldus Manutius, usually of brown or red morocco, blind and gold tooled in a layout of an Eastern influence, obviously owe to his collaboration with Greek artisans. They are dated between the end of 15th and the beginning of the 16th centuries. Those were bindings for books not strictly printed by him or his family only, but by others as well.

Arabesque. A style of decoration of a characteristic layout, executed with techniques, invented and practiced mainly by Moorish artisans.

Armorial bindings. Bindings covered in leather or cloth, bearing tooled or embroidered, accordingly, the coat of arms of their owners.

"Aux petits fers". It is a certain style of decoration, utilizing tools of many small ornaments.

Bands. This term originally responds to all the kinds of raised sewing supports, which are further used to strengthen board attachment. They divide the spine into panels. When sewing is later on practiced on recessed cords, especially in 19th century, fake raised bands are used, by sticking on leather strips, across the lining of the spine.

Blue, Venetian paper. Venetian product, a result of a flourishing production of colorful fabrics and the import of a new variety of dyes, like Indigo. It has been a favorable material not only in book printing, but in drawing as well.

Book edges. The edges of the leaves of the book, head, tail and fore edge. **...gilt**: when the edges are decorated with gold leaf by a special method and by using special materials and equipment, after the book is rounded and backed. **...gilt and gauffered**: when the edges are tooled after gilt. **...plain**: these are the edges that bear none of the decorative styles. In early bindings the deckle edges of the book leaves were thought of as a defect and they were trimmed off. In 16th century the title of the book was more often inscribed on fore edge, as the books in that case were shelved with the fore edge showing. 17th Century sees the peak of trimming off the edges. From 19th century and on this practice is eliminated. Deckles are preserved as the proof of the good quality of the paper adding a particular aesthetic element in the visual whole. **...roughly gilt:** when gold decoration is applied on the edges of the un-sewn gatherings. **...sprinkled:** when edges are sprinkled with earthy colors, mainly of a reddish shade, like Armenian Ball. The style is first used in 16th century. In the 19th it is applied on commercial reference books, like dictionaries, not just to decorate the edges, but also to minimize the signs of decay of frequent use. **...tinted:** when edges are colored in various colors and then polished. This is a really ancient technique, we can see in Coptic bindings, as early as 4th century. It is broadly used in 15th, 16th, 19th century not to except its use in contemporary bookbinding. **...with fore edge painting:** when fore edge is painted before gilt. Painting takes place while the book is laid steady open.

"Cloisonné" bindings. Enameled bindings produced mainly by Greek and Italian artisans in 11th century. Cells, formed on metallic covers, are filled in with a colored vitreous composition, fired, ground smooth and polished. Their main characteristic is the uniformity of the thinness of their lines.

Dentelle borders. 18th century style of gold decoration, utilizing tools and layouts, inspired from embroidery and decorative arts.

End bands. Head and tail formations slightly projecting from the spine and resting on the head and tail book edges. The term broadly used is headbands. Aesthetically they create a harmonious ending of the spine next to the covering material. Functionally they aid the user of the binding to pull it from the shelves. Originally they were sewn as a continuation of the book sewing. To facilitate the head edge treatment, in 12th century they start being sewn separately and are tied down to the gatherings. After the invention of typography and as the binding process is more and more simplified, end bands are less and less tied down. They are sewn on various kinds of supports. In 12th and 13th centuries these supports extend to the boards contributing to the bonding of book block to the boards. In 15th century their support is cut off, where their sewing ends. There is a great variety of end banding styles evolving according to the overall structural composition of the various binding styles from the birth of the art up to our days. **...single:** the end bands sewn on a single supporting core, of variable materials and shape, according to the binding style. **...double:** the end bands sewn on double supporting core of variable materials and shape, according to the binding style. They first appear in 16th century and by 19th century they evolve in three different versions, the French, named "tranchefile chapiteau" and two English of a different method of sewing and differerent cores. **...Greek:** the kind of end bands of the Greek binding style, a style developed between 14th and 16th centuries after the fall of Byzantium and practiced in Greece and in Italy by Greek artisans in the Renaissance. The Greek end band has various methods of sewing, but its main characteristics are its sewing in two layers of support, with supports and sewing extending to the boards, thus contributing to the bonding of the book block with its boards. They protrude by being laid on the board edges. **...Islamic:** the kind of end bands used in a traditional Islamic structure with a flap. A leather strip is tied down to the gatherings. Sewing with silk threads is performed separately and independently from the gatherings, forming a sort of herringbone pattern. **...stuck-on:** end bands produced separately from the binding process. They first appear hand-sewn on cloth, mainly on German bindings of 16th century. In early 19th century, they appear in a form of a striped in two colors piece of cloth rolled around a core. Its present form is machine- sewn on cloth.

End papers. Units of paper leaves, combined with leather or fabric, to create an intervention between the book block and the cover. They protect the book block from the harmful effects of the binding process and some of the binding materials. They also unify aesthetically the exterior with the interior of a binding. In the beginning they were very simple, to reach their most complicated forms in 19th century.

Ferrous sulphate. An astringent salt ($FeSO4$), used in all sorts of calf decoration (sprinkled, mottled, tree calf), mainly in 19th century. Unfortunately this chemical is harmful to the leather.

Head and tail caps. The turn ins in the end bands area, forming a protective cap for the end bands. They are leveled straight to the cover edges or sometimes slightly lower. Their shape and form change, according to the binding style and the style of end bands.

Limp bindings. These are bindings without any kind of stiff boards. The style has been thoroughly studied by the eminent English restorer-binder, Chris Clarkson, during the floods in Florence. They are originated in 16th-18th century Italy and their cover is made of vellum, other kinds of leather, paper and fabric.

Long-grained morocco. The kind of leather, processed to have a long grain. It is not morocco, as the kind of its grain itself does not encourage such changes.

Lyonese bindings. Neither the name nor the style has anything to do with Lyons. They are characterized by a 16th century style of decoration, mainly gold tooled and then painted, lacquered or enameled in different colors. Another style of decoration, that is characteristic of the Lyonese bindings, is blocking the cover with large corner ornaments and a central design, lozenge shaped. Its background is tooled in dots.

Lacquered bindings. A style of bindings decorated with painting and then covered with lacquer layers, Persian invention of 16th century. It is most depended on a miniature painter's artistry than a bookbinder's craftsmanship.

Paste papers. The term responds to a technique of decoration with a starchy mixture of paste and watercolors or inks. The mixture is layered on and then it is shaped in relief. The method has been used for decorating covers, end papers and book edges from 16th to 18th century.

It is broadly used in contemporary bookbinding.

Sewing on raised cords: when sewing support is of linen cords resting raised against the spine of the book gatherings. They accordingly range from single to double and thread loops around them either single or double. The method dates back in 8th century up to the end of 18th. **...on recessed cords**: when cords, which support sewing, sink in grooves sawn across the spine of the gatherings, positioned in an angle of 90°. Thread passes in a straight line across the cords. This method has been used in France since the end of 16th century, in England since the end of 18th century. Its utilization reached its peak in 18th century. **...on tapes:** a method, which utilizes strips of vellum or linen woven tapes, as sewing support. They lay raised against the book spine. The sewing thread passes across without looping around them. Vellum strips are mainly used in Limp bindings. Linen woven tapes are used in 19th century bindings up to nowadays. **...on thongs:** the kind of sewing, supported by narrow strips of leather, mainly alum-tawed pigskin. Their width depends on the size of the book. When the book is reasonably large, thongs are wide with a vertical slot. Thread loops around as in sewing on raised cords. The method goes back to the origins of binding history. We've come across with it on early Coptic bindings up to early 16th century, when utilization of cords appears.

Shoulder. It is the special formation of the edge of the spine, in order to receive the boards, after the book is laced in. The book is rounded and then positioned in a press, where, by the use of a certain kind of a hammer, the spine of the gatherings is pushed down to an arch, ending at the frond and back book end leaves, in an angle of 90°. Shoulders are formed for first time in 16th century on books of a flat spine.

Spine flat: when the spine of a book keeps its flat shape after sewing. 1820s books of a flat spine, with small shoulders are very well known. **...flexible**: it is the kind of spine that results from sewing on raised supports (thongs, cords, tapes). **...with a hollow:** when an empty space is formed between the covering material and the book spine. This is attainable in various ways from the first period of its use, in France of 1770s, in England of 1800 up to nowadays. **...rounded**: the spine of a round shape formed after the book is sewn. This is a stage in the binding process that first appeared in the end of 16th century. **...rounded and backed:** an additional stage of shaping the spine after sewing and rounding. It is the formation of shoulders (read definition in this glossary) at the right angle, so that the boards fit flat against them, when bonded to the book block. **...tight:** When the covering material (leather) is adhered straight onto the book spine. This style appears in the 1770s and it is in the 18th century, that the book spine starts to bear some sort of lining layers intervening. Its use declines in 19th century and on special occasions, it appears as a "mock flexible" with fake raised bands.

Tawed leather. When leather, mainly pigskin is immersed in a solution of potash alum in 20° - 30° C. Combined with egg yolk, flour and salt its qualities are improved. The leather is white, but with age it turns yellow. Tawing is an ancient tanning process.

Yapp edges. The extension of a cover in an angle of 90° towards the book edges for protection reasons. It is very common in Limp bindings. The name is after William Yapp, an English bookseller of the end of 19th century, who introduced this technique on books of poetry and prayer books. The term is curently used, even when describing earlier than 19th century structures, bearing such edges.

ΓΛΩΣΣΑΡΙΟ.

Αλδινή βιβλιοδεσία. Το είδος της βιβλιοδεσίας που προέρχεται από το εργαστήριο του Άλδου Μανούτιου. Συνήθως από καφέ η κόκκινο μαροκινό, με καυτή διακόσμηση σε σχέδια ανατολικής επιρροής, οφειλόμενης προφανώς στους Έλληνες μαστόρους, που είχε στο εργαστήρι του. Χρονολογείται στα τέλη του 15ου με αρχές του 16ου αιώνα. Δεν έντυναν απαραίτητα μόνο τα βιβλία που το εργαστήρι του τύπωνε, αλλά και άλλων εργαστηρίων.

Ακμές Γιάπ. Η υπό γωνία 90° προέκταση ενός καλύμματος προς τις ακμές ενός βιβλίου προκειμένου να τις προστατέψει. Είναι συνήθεις στις Λίμπ βιβλιοδεσίες. Η ονομασία τους προέρχεται από τον Άγγλο βιβλιοπώλη στα τέλη του 19ου αιώνα Γουίλιαμ Γιάπ, που καθιέρωσε την εφαρμογή αυτής της τεχνικής σε βιβλία με ποίηση και προσευχητάρια. Συνηθίζεται η χρήση του όρου στις περιγραφές και προγενέστερων του 19ου αιώνα κατασκευών.

Ακμές του βιβλίου. Κυριολεκτικά εννοούμε τις ακμές των φύλλων του βιβλίου, που καθώς είναι κλειστό σχηματίζουν τις επάνω, κάτω κι εμπρός επιφάνειες του σώματος του βιβλίου. **...απλές**. Όταν στερούνται κάποιου είδους διακόσμησης. Παλαιότερα οι τραχιές άκρες του χειροποίητου χαρτιού θεωρούνταν σαν ελάττωμα για μία βιβλιοδεσία και τις έκοβαν. Τον 16ο αιώνα μάλιστα ο τίτλος του βιβλίου καλλιγραφείται στην εμπρός ακμή, μια και τα βιβλία τοποθετούνταν στα ράφια από αυτήν την πλευρά. Η πρακτική του ξακρίσματος των χειροποίητων χαρτιών κυριάρχησε τον 17ο αιώνα. Από τον 19ο αιώνα κι ως σήμερα θεωρείται ακριβώς το αντίθετο κι αυτού του είδους οι ακμές διατηρούνται σαν στοιχείο καλής ποιότητας του χαρτιού. **...βαμμένες**. Όταν οι ακμές βάφονται με διάφορα χρώματα κι έπειτα στιλβώνονται. Πρόκειται για πρακτική αρχαία όσο και η τέχνη της βιβλιοδεσίας. Βαμμένες ακμές έχουμε σε κοπτικές βιβλιοδεσίες του 4ου αιώνα, σε βιβλιοδεσίες του 15ου, 16ου, 17ου, του 19ου ως σήμερα. **...επιχρυσωμένες** όταν οι ακμές είναι διακοσμημένες με φύλλο χρυσού κατά μία ιδιαίτερη διαδικασία και χρησιμοποιώντας συγκεκριμένα υλικά. Διακρίνονται στις **επιχρυσωμένες ακμές** (16ος αιώνας) , όταν η διαδικασία γίνεται μετά την τελική διαμόρφωση της ράχης και στις **αδρά επιχρυσωμένες ακμές** (16ος αιώνας) όταν αυτή γίνεται πριν το ράψιμο του βιβλίου. Άλλες παραλλαγές είναι όταν πάνω από τις επιχρυσωμένες ακμές εφαρμόζονται **εντυπώματα με εργαλεία** (16ος αιώνας) ή όταν στην εμπρός ακμή, της εφαρμογής του χρυσού προηγείται **ζωγραφική απεικόνιση** (19ος αιώνας) συγκεκριμένης παράστασης, ενώ το βιβλίο βρίσκεται σε σταθερή θέση ανοικτό. **...με στίγματα**. Διακόσμηση με στίγματα πιτσιλωτά από χρώματα γήινα κόκκινης απόχρωσης, όπως ο βώλος Αρμενίας. Αρχικά εφαρμόζεται τον 16ο αιώνα, αλλά κι αργότερα τον 19ο κυρίως σε βιβλία αναφοράς όπως λεξικά, για λόγους κύρια διακοσμητικούς αλλά και για νά εξαλείφεται η χροιά της χρηστικής φθοράς.

Αραβουργήματα. Όρος που περιγράφει ένα είδος ανάγλυφης διακόσμησης, αποτελούμενο από περιπλεκόμενες γραμμές και καμπύλες που διαμορφώνουν γεωμετρικά σχέδια. Το όνομα προέρχεται από το γεγονός ότι την πρακτική τελειοποίησαν Άραβες τεχνίτες.

Βιβλιοδεσία «Κλουαζονέ». Βιβλιοδεσία με σμάλτο, που πρώτοι κατασκευάζουν Έλληνες και Ιταλοί τεχνίτες, τον 11ο αιώνα. Τα καλύμματα από μέταλλο σχηματίζουν εσοχές, που μέσα τους εφαρμόζεται το σμάλτο. Το χαρακτηριστικό τους είναι πως το πάχος του μετάλλου είναι σταθερό σε όλη την κατασκευή και σε όλα τα σημεία του σχεδίου.

Βιβλιοδεσία Λίμπ. Επιλέγεται η κατ'ευθείαν μεταφορά του αγγλικού όρου, που συνιστά και διεθνή ονομασία αυτού του είδους βιβλιοδεσίας, και που εξαντλητικά έχει διερευνήσει ο περιώνυμος συντηρητής-βιβλιοδέτης Κρίς Κλάρκσον, μέσα από την εμπειρία του κατά την διάσωση βιβλίων στην πλημμύρα της Φλωρεντίας. Ιταλικές βιβλιοδεσίες του 16ου-18ου αιώνα, από περγαμηνή, χαρτί, άλλο δέρμα η ύφασμα. Κατασκευή χωρίς χαρτόνια ή άλλο υλικό που νά δημιουργεί σκληρό εξώφυλλο.

Βιβλιοδεσία Λυοναίζ. Ούτε το όνομα, ούτε η τεχνική έχει νά κάνει με την πόλη της Λυών. Η ονομασία προέρχεται από την τεχνική διακόσμησης του 16ου αιώνα, κατά την οποία το εσωτερικό των γεωμετρικών εντυπωμάτων με χρυσό βάφεται σε διάφορους χρωματικούς τόνους κι έπειτα επιστρώνεται με λάκα ή σμάλτο. Λυοναΐζ βιβλιοδεσίες είναι κι αυτές, που η διακόσμησή τους γίνεται με εντυπωμένες γωνίες κι έγκεντρα ωοειδή τμήματα, πάνω σε ένα φόντο, που καλύπτεται από εντυπώματα κουκίδων (πουαντιγέ).

Βιβλιοδεσία με επίστρωση λάκας (lacquered binding). Τεχνική διακόσμησης κυρίως Περσικών βιβλιοδεσιών του 16ου αιώνα. Αφού το κάλυμμα ζωγραφιστεί εφαρμόζονται αλλεπάλληλες επιστρώσεις βερνικιού. Εναπόκειται περισσότερο στη δεξιοτεχνία ενός μινιατουρίστα ζωγράφου παρά ενός βιβλιοδέτη.

Δαντελωτή μπορντούρα. Είδος διακόσμησης του 18ου αιώνα, με σχέδια που προσομοιάζουν με δαντέλα.

Διακόσμηση με την τεχνική της κόλλας. Ένα είδος διακόσμησης που γίνεται με ένα μίγμα αμυλούχου κόλλας, ειδικής σύνθεσης, με υδατοχρώματα ή μελάνια, απλώνοντάς την πάνω σε μία επιφάνεια με διάφορους τρόπους, που νά αναδεικνύουν σχέδια σχετικά ανάγλυφης υφής. Η μέθοδος χρησιμοποιείται στη διακόσμηση των καλυμμάτων, των εσωφύλλων και των ακμών του βιβλίου από τον 16ο αιώνα ως το 18ο. Είναι ευρύτατης χρήσης και στην σύγχρονη βιβλιοδεσία.

Εξογκώματα. Ο όρος κατά γράμμα εκφράζει τα εξογκώματα που διασχίζουν οριζόντια τη ράχη χωρίζοντάς την σε τμήματα. Τα εξογκώματα αρχικά ήταν αποτέλεσμα των εξωτερικών υποστηρίξεων του ραψίματος. Τον 19ο κυρίως αιώνα, αλλά και σε προγενέστερους, όταν το ράψιμο δεν έχει πια εξωτερική στήριξη που νά αναπαράγει τα πραγματικά, δημιουργούνται ψευδή, από λωρίδες δέρματος που επικολλώνται στην επένδυση της ράχης, αλλά κυρίως στην ονομαζόμενη ψευδοράχη που χρησιμοποιείται για νά μεσολαβεί ανάμεσα στο δέρμα τού καλύμματος και τη ράχη του βιβλίου.

Επεξεργασία με άλας αλουμινίου. Πρόκειται για αρχαίο τρόπο επεξεργασίας κυρίως του χοιροδέρματος. Τό δέρμα βυθίζεται σε διάλυμα αλάτων αλουμινίου σε συνδυασμό με κρόκο αυγού, αλεύρι, αλάτι και άλλες ουσίες, στους 20° με 30° Κελσίου. Είναι μία διαδικασία που βελτιώνει την σύστασή του. Έπειτα στεγνώνει τεντωμένο για μέρες στον αέρα. Το χρώμα του είναι αρχικά άσπρο. Όταν παλαιώνει παίρνει κίτρινη χροιά.

Εραλδική βιβλιοδεσία ή βιβλιοδεσία με έμβλημα. Η βιβλιοδεσία από δέρμα ή και ύφασμα που φέρει το έμβλημα ή το οικόσημο του κατόχου της εντυπωμένο, αλλά συχνά και κεντημένο στο κάλυμμά της.

Εσώφυλλα. Το σύστημα φύλλων σε διάφορους συνδυασμούς χαρτιού, δέρματος ή και υφάσματος, που διαμορφώνεται ανάμεσα στο σώμα του βιβλίου και το κάλυμμά του, για νά προστατεύει το σώμα του βιβλίου από την βιβλιοδετική διαδικασία και τα θνησιγενή υλικά της, αλλά συγχρόνως νά ενοποιεί αισθητικά το κάλυμμα με το σώμα του βιβλίου. Αρχικά τα εσώφυλλα είχαν την απλούστερη δυνατή μορφή και λειτουργικότητα. Καθώς τα βιβλιοδετικά είδη εξελίσσονταν ακολούθησαν κι αυτά, για να φτάσουν τον 19ο αιώνα στις πιο σύνθετες μορφές τους.

Θειϊκός Σίδηρος. Στυπτικό άλας (FeSO4) χρησιμοποιούμενο τον 19ο αιώνα στην διακόσμηση του δέρματος μόσχου για τα καλύμματα των ομώνυμων βιβλιοδεσιών. Δυστυχώς η τεχνική αυτή καταλήγει σε δριμύτατη φθορά του δέρματος.

Κεφαλάρια. Προεξέχοντα ακραία μορφώματα της ράχης, που ακουμπούν στις επάνω και κάτω ακμές του βιβλίου. Αισθητικής σημασίας, αφού δημιουργούν αρμονικό τελείωμα της ράχης πλάι στο υλικό του καλύμματος. Λειτουργικής σημασίας, μια κι από αυτά ο αναγνώστης ανασύρει το βιβλίο από το ράφι της βιβλιοθήκης του. Αρχικά πλέκονται στην συνέχεια του ραψίματος του βιβλίου. Επειδή αυτό παρεμπόδιζε το κόψιμο των επάνω ακμών του βιβλίου απ᾽ τον 12ο αιώνα κι έπειτα τα κεφαλάρια πλέκονται ανεξάρτητα από το ράψιμο του βιβλίου. Αρχικά στερεώνονταν στο κέντρο κάθε τετραδίου στο σημείο του συνδετικού κόμπου του ραψίματος. Μετά την ανακάλυψη της τυπογραφίας και με την επιτάχυνση κι απλοποίηση της βιβλιοδετικής διαδικασίας, στερεώνονται όλο και λιγότερο. Τα κεφαλάρια πλέκονται σε κάποιου είδους και μορφής υποστήριξη. Τον 12ο-13ο αιώνα αυτή η υποστήριξη συμβάλλει στη σύνδεση του βιβλίου με τις πλάκες του. Γύρω στον 15ο αιώνα οι άκρες της υποστήριξης αρχίζουν νά κόβονται στο τελείωμα του πλεξίματος. Υπάρχει πλήθος ειδών κεφαλαριών, που διαμορφώνονται ανάλογα με την συνολική οπτική μιας βιβλιοδετικής κατασκευής, από την γέννηση της βιβλιοδετικής τέχνης ως σήμερα. **...απλά**. Κεφαλάρια πλεγμένα σε ένα επίπεδο υποστήριξης. Το είδος αυτό διαμορφώνεται ποικιλόμορφα ως τον 19ο αιώνα. **...διπλά**. Κεφαλάρια πλεγμένα σε δύο επίπεδα υποστήριξης. Αυτό το είδος εμφανίζεται τον 16ο αιώνα και τον 19ο οριστικοποιείται σε δύο διαφορετικές εκδοχές. Την γαλλική με την ονομασία «τρανσφίλ σαπιτώ», πλεγμένη σέ δύο διαφορετικού μεγέθους υποστηρίξεις από αναδιπλωμένο λεπτό χαρτί και την αγγλική, πλεγμένη είτε σέ δύο λεπτές λωρίδες δέρματος διαφορετικού πάχους, είτε σέ μία πλατιά λωρίδα δέρματος ενισχυμένη με επένδυση περγαμηνής, συνδυασμένη με κάποιο ευλύγιστο κι ανθεκτικό υλικό (π.χ. νεύρα ζώου όπως χορδές παλιού μουσικού οργάνου) σέ λεπτή κυλινδρική μορφή. **...ελληνικά**. Το είδος των κεφαλαριών που συνδυάζονται με τις βιβλιοδεσίες του 14ου-16ου αιώνα, τις λεγόμενες ελληνικές βιβλιοδεσίες, τις προερχόμενες από τον ελλαδικό χώρο μετά την πτώση του Βυζαντίου ή την Ιταλία των πρώτων χρόνων της Αναγέννησης. Έχουν διάφορους τρόπους πλεξίματος, αλλά το βασικό χαρακτηριστικό τους ωστόσο είναι, ότι πλέκονται πάντα σέ δύο επίπεδα στήριξης, που εκτείνονται στις ξύλινες πλάκες, όπως και το πλέξιμό τους, συμβάλλοντας στην σύνδεση βιβλίου και πλακών. Εξέχουν των διαστάσεων της βιβλιοδεσίας. **...ισλαμικά**. Τα κεφαλάρια που συνδυάζονται με την παραδοσιακή ισλαμική βιβλιοδεσία, με την χαρακτηριστική προέκταση - κλείστρο. Πρώτα στερεώνεται αυτόνομα στο κέντρο κάθε τετραδίου μία δερμάτινη λωρίδα. Έπειτα δύο κλωστές μεταξωτές πλέκονται, με ιδιαίτερο τρόπο πάνω τους, ανεξάρτητα από τα τετράδια του βιβλίου, σχηματίζοντας ένα σχέδιο ψαροκόκαλου. **...προκατασκευασμένα**. Πρόκειται για κεφαλάρια που παρασκευάζονται εκτός της βιβλιοδετικής διαδικασίας και επικολλώνται έτοιμα στην ράχη του βιβλίου. Αρχικά εμφανίζονται με την μορφή των πλεγμένων κεφαλαριών σέ ένα κομμάτι ύφασμα, που έπειτα επικολλάται στη ράχη, στις γερμανικές βιβλιοδεσίες γύρω στα τέλη του 16ου αιώνα. Νωρίς τον 19ο αιώνα παίρνουν την μορφή ριγωτού υφάσματος που αναδιπλώνεται σέ κάποιου είδους στήριξη. Η πλέον πρόσφατη μορφή τους είναι τα πλεγμένα στη μηχανή πάνω σέ ύφασμα.

Καλύπτρα των κεφαλαριών. Το γύρισμα του δέρματος του καλύμματος στην περιοχή των κεφαλαριών, το οποίο καλύπτει προστατευτικά το κεφαλάρι στην ίδια ευθεία με τις ακμές του καλύμματος, ίσως κι ελάχιστα χαμηλότερα. Η μορφή της καλύπτρας αλλάζει ανάλογα με τα διαμορφούμενα είδη κεφαλαριών και το αν προεκτείνονται ή όχι στις πλευρές της βιβλιοδεσίας.

Μαροκινό με μακρύκοκκο πόρο. Δέρμα που έχει επεξεργαστεί ώστε ο πόρος του νά είναι μακρόστενος. Δεν πρόκειται για μαροκινό ουσιαστικά αλλά κατ' επίφασιν, αφού η υφή του μαροκινού δεν επιδέχεται τέτοια παρέμβαση.

Μπλέ βενετσιάνικο χαρτί. Αποτέλεσμα μιας ανθηρής παραγωγής σέ πολύχρωμα υφάσματα, καθώς και της εισαγωγής της βαφής Ίντιγκο ανάμεσα σέ άλλα καινούργια χρώματα-βαφές. Αποτέλεσε αγαπημένο υλικό όχι μόνο για την εκτύπωση βιβλίων, αλλά και για το σχέδιο στη ζωγραφική.

Ράχη επίπεδη. Το σχήμα της ράχης βιβλίων του 1820. Είχαν μικρούς ώμους χωρίς νά έχουν στρογγυλευθεί. **...ευλύγιστη**. Η ράχη σαν αποτέλεσμα του ραψίματος σέ εξωτερική υποστήριξη. **...εφαρμοστή**. Όταν το υλικό του καλύμματος (δέρμα) εφαρμόζεται κατ' ευθείαν επάνω στη ράχη του βιβλίου. Ως τον 18ο αιώνα η ράχη του βιβλίου, που δεν ήταν ραμμένο σέ εξωτερικές στηρίξεις, συχνά επενδυόταν με περγαμηνή ή χαρτί. Η χρήση της αρχίζει νά φθίνει στις αρχές του 19ου αιώνα και χρησιμοποιείται σέ εξαιρετικές περιπτώσεις, συνδυασμένη με ψευδή εξογκώματα. **...κουφωτή**. Όταν ανάμεσα στο υλικό του καλύμματος και τη ράχη του βιβλίου μεσολαβεί κενό. Η τεχνική αυτή πρωτοεμφανίστηκε στα 1770 στη Γαλλία. Στην Αγγλία άρχισε νά χρησιμοποιείται στα 1800. Οι τρόποι που το κενό διάστημα διαμορφώνεται διαφοροποιούνται ανάλογα με το είδος τῆς βιβλιοδεσίας και την ηλικία της. **...στρογ-**

γυλεμένη. Η ράχη όταν της έχει δοθεί το χαρακτηριστικό στρογγυλό σχήμα μετά το ράψιμο του βιβλίου. Πρόκειται για πρακτική που εφαρμόζεται από τα τέλη του 16ου αιώνα κι έπειτα. **...στρογγυλεμένη και σφυρισμένη (rounded and backed spine)**. Όταν η ράχη του βιβλίου εκτός από την χαρακτηριστική καμπύλη έχει αποκτήσει τούς χαρακτηριστικούς ώμους μέσα στους οποίους κάθεται το χαρτόνι σέ όλο του το πάχος. Προτιμήθηκε ο ελληνικός όρος σφυρισμένη ράχη, που προέρχεται από την χρήση ειδικού σφυριού για το κατέβασμα των τυπογραφικών (βλέπε ώμος).

Ράψιμο σέ εξωτερικούς σπάγγους. Όταν οι λινοί σπάγγοι που στηρίζουν το ράψιμο εξέχουν από τη ράχη του βιβλίου κι ακουμπούν πάνω της. Η τεχνική αυτή χρησιμοποιείται από τον 8ο αιώνα ως το τέλος του 18ου. Οι σπάγγοι μπορεί νά είναι μονοί ή διπλοί. Η κλωστή περιστρέφεται γύρω τους ανάλογα. **...σε εσωτερικούς σπάγγους**. Όταν οι σπάγγοι που στηρίζουν το ράψιμο βυθίζονται στο εσωτερικό των τετραδίων σέ αυλακώσεις, που γίνονται με λεπτό πριόνι πριν το ράψιμο και με την ράχη του βιβλίου στις 90°. Η κλωστή περνάει στο πλάτος του σπάγγου σέ ευθεία κατεύθυνση. Αυτή η τεχνική χρησιμοποιείται στη Γαλλία από τα τέλη του 16ου αιώνα, ενώ στην Αγγλία από τα τέλη του 18ου αιώνα. Η χρήση της κορυφώνεται τον 18ο αιώνα. **...σέ λωρίδες**. Όταν το ράψιμο στηρίζεται σέ λωρίδες συνήθως από δέρμα χοίρου κατεργασμένο με άλατα αλουμινίου. Ανάλογα με το βιβλίο και το πλάτος της λωρίδας ποικίλει. Στις περιπτώσεις που αυτό είναι σχετικά μεγάλο, η λωρίδα έχει σχισμή κάθετη. Η κλωστή κινείται γύρω της, όπως στην περίπτωση των εξωτερικών σπάγγων. Η τεχνική χρονολογείται στις απαρχές της ιστορίας της βιβλιοδεσίας. Την συναντάμε στις κοπτικές βιβλιοδεσίες κι ως τα τέλη του 16ου αιώνα, που αρχίζει νά χρησιμοποιείται ο σπάγγος. **...σέ ταινίες**. Όταν το ράψιμο στηρίζεται σέ ταινίες που μπορεί νά είναι από περγαμηνή ή λινής ύφανσης. Η ταινία κάθεται στη ράχη του βιβλίου και προεξέχει. Η κλωστή περνάει στο πλάτος της χωρίς νά περιστρέφεται γύρω της. Η χρήση της περγαμηνής συναντάται σέ ορισμένα είδη Λίμπ βιβλιοδεσιών. Οι ταινίες λινής ύφανσης αρχίζουν νά χρησιμοποιούνται τον 19ο αιώνα και συνεχίζουν ως τις μέρες μας.

Ώμος. Η διαμόρφωση της ράχης για μία καλύτερη εφαρμογή του χαρτονιού. Αφού αποκτήσει τη καμπυλότητά της τοποθετείται στη πρέσα και με ένα ειδικό σφυρί κατεβάζονται τα ακραία τετράδια σχηματίζοντας τόξο, που κλείνει σέ γωνία 90° ως προς τα φύλλα του βιβλίου. Βιβλία με ώμο εμφανίζονται για πρώτη φορά τον 16ο αιώνα σέ περιπτώσεις με επίπεδη ράχη. Προτιμήθηκε η μεταφορά του αγγλικού όρου στα ελληνικά.

«Ω πετίτ φέρ». Είδος διακόσμησης γαλλικών βιβλιοδεσιών με εργαλεία λεπτών και μικρών διακοσμητικών μοτίβων.

The catalogue of the exhibition
was typeset and bound in one thousand copies by
ADAM EDITIONS / PERGAMOS PRINTING
AND PUBLISHING S.A.I.C.
Athens, November 2002